A Plenitude do Ser

A Plenitude do Ser

TINA TURNER

ALTA BOOKS
GRUPO EDITORIAL
Rio de Janeiro, 2023

A Plenitude do Ser

Copyright © 2023 da Starlin Alta Editora e Consultoria Eireli.
ISBN: 978-65-5520-514-5

Translated from original Happiness Becomes You. Copyright ©
2020 by Tina Turner. ISBN 978-1-9821-5215-4. This translation
is published and sold by permission of Atria Books an imprint of
Simon & Schuster, Inc., the owner of all rights to publish and sell
the same. PORTUGUESE language edition published by Starlin
Alta Editora e Consultoria Eireli, Copyright © 2023 by Starlin Alta
Editora e Consultoria Eireli.

Impresso no Brasil — 1ª Edição, 2023 — Edição revisada conforme
o Acordo Ortográfico da Língua Portuguesa de 2009.

Dados Internacionais de Catalogação na Publicação (CIP) de acordo com ISBD

T944p   Turner, Tina

     A plenitude do ser: o guia para uma vida transformada / Tina
Turner, Taro Gold, Regula Curti ; traduzido por Carolina Palha. –
Rio de Janeiro : Alta Books, 2023.
     240 p. ; 16cm x 23cm.

     Tradução: Happiness Becomes You.
     Inclui índice e bibliografia.
     ISBN: 978-65-5520-514-5

     1. Autoajuda. I. Gold, Taro. II. Curti, Regula. III. Palha, Carol. IV.
Título.

                          CDD 158.1
2022-1185   CDU 159.947

Elaborado por Odilio Hilario Moreira Junior - CRB-8/9949

Índice para catálogo sistemático:
1. Autoajuda 158.1
2. Autoajuda 159.947

Produção Editorial
Editora Alta Books

Diretor Editorial
Anderson Vieira
anderson.vieira@altabooks.com.br

Editor
José Ruggeri
j.ruggeri@altabooks.com.br

Gerência Comercial
Claudio Lima
claudio@altabooks.com.br

Gerência Marketing
Andrea Guatiello
marketing@altabooks.com.br

Coordenação Comercial
Thiago Biaggi

Coordenação de Eventos
Viviane Paiva
comercial@altabooks.com.br

Coordenação ADM/Finc.
Solange Souza

Direitos Autorais
Raquel Porto
rights@altabooks.com.br

Produtor Editorial
Thiê Alves

Produtores Editoriais
Illysabelle Trajano
Maria de Lourdes Borges
Paulo Gomes
Thales Silva

Equipe Comercial
Adriana Baricelli
Daiana Costa
Fillipe Amorim
Heber Garcia
Kaique Luiz
Maira Conceição
Victor Hugo Morais

Equipe Editorial
Beatriz de Assis
Brenda Rodrigues
Caroline David
Gabriela Paiva
Henrique Waldez
Marcelli Ferreira
Mariana Portugal

Marketing Editorial
Livia Carvalho
Marcelo Santos
Pedro Guimarães
Thiago Brito

Atuaram na edição desta obra:

Tradução
Carolina Palha

Copidesque
Jana Araujo

Revisão Gramatical
Hellen Suzuki
Thaís Pol

Diagramação
Joyce Matos

Capa
Marcelli Ferreira

Editora
afiliada à:

ASSOCIADO

Rua Viúva Cláudio, 291 – Bairro Industrial do Jacaré
CEP: 20.970-031 – Rio de Janeiro (RJ)
Tels.: (21) 3278-8069 / 3278-8419
www.altabooks.com.br – altabooks@altabooks.com.br
Ouvidoria: ouvidoria@altabooks.com.br

ALTA BOOKS
E D I T O R A

Dedico este livro a você...
por todas as lutas vencidas,
que só você conhece,
que o trouxeram até aqui.

Agradecimentos

DE TINA: Agradeço sinceramente aos meus coautores, Regula Curti e Taro Gold, por sua dedicação e atenção em me ajudar a compartilhar meus pensamentos.

DE TINA, REGULA E TARO: Expressamos nossa profunda gratidão a nossos maridos, Erwin, Beat e Wendell, respectivamente, por seu inestimável apoio na criação deste livro.

Também somos gratos a Anna Wichmann, ao Grupo Looping, a Richard Pine e a Peter Borland, por sua excelência literária; ao Dr. Neil deGrasse Tyson e ao Dr. Andrew Barron, por suas críticas e observações técnicas; e a muitos outros nos bastidores que ajudaram a trazer este livro à luz.

SUMÁRIO

INTRODUÇÃO

Aonde quer que eu vá, fico emocionada quando as pessoas me contam que foram inspiradas pela minha história de vida, pelos desafios que superei durante minhas oito décadas neste planeta.

Sou uma sobrevivente por natureza, mas tive ajuda, e não quero dizer sucesso ou dinheiro, embora tenha sido abençoada com ambos. A ajuda essencial que amplifica o meu bem-estar, a minha alegria e a minha resiliência é a minha vida espiritual.

Essa é uma afirmação forte; fácil de dizer, difícil de explicar. Mas aqui, em *A Plenitude do Ser: O Guia para uma Vida Transformada*, será um grande prazer compartilhar com você a história da minha jornada espiritual.

Sempre quis compartilhar conhecimento, mas achava que precisava esperar o momento em que tivesse algo importante a dizer, quando eu tivesse certeza de como repassar a sabedoria legítima.

Essa hora é agora.

Enquanto escrevo estas palavras, vivemos uma das piores pandemias dos últimos cem anos. Com esta tragédia, muitos de nós sofremos a perda de entes queridos, enquanto vários outros perderam seu sustento, um cenário lamentável. E agora, testemunhamos o horror da guerra emergindo na Europa novamente. Meu coração dói por vivermos essa realidade nova e cheia de incertezas.

Mesmo que você esteja entre os poucos que conseguiram evitar o impacto direto desta calamidade, todos nós sabemos que ninguém passa pela vida sem enfrentar adversidades. Mais do que nunca, acredito que devemos ver o mundo com olhos de esperança e usar as dificuldades para nos impulsionar.

Durante a última década, refleti muito sobre as adversidades, enquanto lutava contra uma série de graves crises de saúde que quase me mataram. Em meio a tudo isso, tive muitas oportunidades para avaliar minha vida e para me fazer algumas perguntas complicadas.

Como superei tantos problemas sérios? Você deve conhecer a lista, e ela é longa — infância infeliz, abandono, casamento abusivo, estagnação na carreira, ruína financeira, morte prematura de familiares e várias doenças.

Passei por inúmeras circunstâncias e forças externas que eu não podia mudar nem sequer controlar, mas a epifania que transformou a minha vida foi perceber que posso mudar a forma como lido com esses desafios. O arrimo mais precioso vem de dentro, e a paz instaura-se quando as pessoas se dedicam a se tornarem melhores. Comecei esse trabalho na casa dos 30, quando descobri o poder transformador da espiritualidade.

A espiritualidade não está relacionada a nenhuma religião ou filosofia. Não é propriedade de nenhum tipo de sacerdócio ou clero. A espiritualidade é um despertar particular, baseado em uma relação pessoal com a nossa Mãe Terra e com o Universo, que nos torna mais receptivos e positivos.

Meu despertar começou há cinco décadas, por meio da minha prática e do meu estudo dos ensinamentos budistas. Compartilhar com você a história desta parte inestimável da minha vida é um sonho que cultivo há muito tempo. Este livro apresenta o meu guia pessoal sobre como encontrar a plenitude duradoura. Explica verdades espirituais que aprendi no meu improvável caminho para a felicidade, desde a infância até hoje.

Aqui, revelo as maiores lições de vida que tive e que nunca relatei, minhas principais realizações e os princípios antigos mais caros para recarregar as energias da sua alma.

Trago esta centelha para prepará-lo para superar seus próprios desafios — mesmo que os seus obstáculos pareçam tão intransponíveis quanto os que enfrentei — e realizar seus próprios sonhos, para que se torne verdadeiramente feliz. Quero que você abra seu coração e sua mente, que renove seu espírito com esperança, coragem e compaixão nunca imaginadas, e que mude o mundo como um reflexo da transformação na sua vida.

Deixe-me mostrar-lhe todas as formas maravilhosas de encontrar *A Plenitude do Ser*.

TINA TURNER
3 de maio de 2022

Capítulo Um

Abraçando a Natureza

O brigada por você ser você, exatamente como é. Obrigada pela tapeçaria das suas experiências de vida, que o trouxeram até estas palavras que escrevi para você.

Obrigada por abrir este livro, para que eu possa compartilhar com você as lições espirituais que aprendi ao longo de mais de 80 anos de vida.

Acredito que cada um de nós nasce com uma missão particular, com um propósito de vida que só nós podemos cumprir. Uma responsabilidade compartilhada nos une: fazer com que esta família, que é a humanidade, se torne mais gentil e mais feliz.

Comecei a me familiarizar com o funcionamento do Universo a partir de minhas experiências cotidianas durante minha infância em Nutbush, Tennessee, uma pequena cidade rural. Eu adorava sair, correr pelos campos, olhar os corpos celestes no céu, ficar com os animais — domésticos e selvagens — e ouvir os sons da natureza.

Ainda menina, eu sentia o poder secreto do Universo enquanto caminhava pelos pastos abertos, todos os dias. A convivência com a natureza me ensinou a confiar na intuição, que sempre me mostrava o caminho de casa quando eu estava perdida, o melhor galho de uma árvore para eu me balançar ou onde uma pedra traiçoeira se escondia no meio de um riacho.

Aprendi a ouvir meu coração, que me ensinou que você e eu estamos conectados um ao outro e a tudo mais neste planeta. Estamos unidos pela natureza misteriosa da própria vida, pela energia criativa fundadora do Universo.

Neste nosso mundo intricado, no qual contradições são abundantes, encontramos belezas de tirar o fôlego nos lugares mais improváveis. Os arco-íris mais radiantes aparecem depois das nuvens de tempestade mais pesadas. As borboletas mais magníficas emergem dos casulos mais insossos. E as flores de lótus mais belas desabrocham da lama mais profunda e pegajosa.

Por que você acha que a vida funciona assim?

Talvez o objetivo desses arco-íris, borboletas e flores de lótus seja lembrar-nos de que nosso mundo é uma obra de arte mística — uma tela universal sobre a qual todos nós pintamos nossas histórias, dia após dia, com as pinceladas dos nossos pensamentos, das nossas palavras e dos nossos atos.

Mesmo que essa visão da vida tenha sido instintiva para mim desde a infância, foi só com 30 e poucos anos que comecei a ter consciência dela. Não sei dizer se a garota de 9 anos que colhia algodão no Tennessee sonhou que um dia sua versão de 49 anos apertaria a mão da rainha da Inglaterra. No entanto, em algum nível profundo, até esses sonhos mais improváveis já estavam no meu imaginário.

Quem esperaria algum desfecho extraordinário para uma camponesa como eu, nascida no final da Grande Depressão e nos primórdios da Segunda Guerra Mundial? No entanto, a jornada da minha vida tem sido como uma flor de lótus, florescendo mesmo contra as probabilidades, emergindo cada vez mais forte.

Não importa onde você tenha nascido ou quem sejam seus pais, sinto que todos começamos com uma combinação de circunstâncias, com um pouco de escuridão e de luz. Alguns experimentam mais uma do que a outra. E acredito que existe uma ligação inextricável entre nossos ancestrais e nós, que construímos a partir do que fizeram aqueles que vieram antes de nós.

Se há uma lição que aprendi, é que deparar-se com adversidades, como fiz, não é necessariamente ruim. É o que fazemos com elas, como as usamos para moldar a nós mesmos e ao nosso futuro, que, em última análise, determina nosso sucesso e felicidade.

Quanto mais pegajosa a lama, mais forte é o lótus que floresce dela, transpondo-a para alcançar o sol. O mesmo vale para as pessoas. Eu sei, porque fiz isso. E sei que você também consegue.

Como fiz isso? É o que quero lhe contar.

Minha cidade natal, Nutbush, fica ao longo das estradas ladeadas de madressilvas do Condado de Haywood, no Oeste do Tennessee. Haywood foi e ainda é uma área agrícola tranquila, com uma religiosidade arraigada. É o lar da mais antiga sinagoga judaica do Tennessee, construída em 1882, bem como de lugares nos quais meus familiares há muito congregam, a Spring Hill Baptist Church e a Woodlawn Baptist Church, ambas fundadas pelo escravo emancipado Hardin Smith. Educado às escondidas pela esposa de um fazendeiro, Smith tornou-se um pregador respeitado e fundou a congregação que se tornou a Igreja Batista Woodlawn, na qual meu avô e meu pai serviram como diáconos.

Graças à dedicação do reverendo Smith à educação, na virada do século XX, nosso condado tinha a maior taxa de alfabetização do Tennessee entre a população negra. Uma das escolas que ele fundou para crianças negras se tornou a Carver High School, que frequentei. Ele também reuniu músicos e cantores negros, buscando oportunidades para eles se apresentarem, e lançou as bases para as fortes tradições musicais da região, das quais mais tarde me beneficiei.

Cheguei no final de 1939, nascida com segurança em um porão sem janelas, relegado ao parto das mulheres "de cor", no hospital municipal. Meus pais me deram o nome de Anna Mae, o único nome pelo qual fui conhecida até virar adulta.

Meu pai, Richard Bullock, era meeiro dos Poindexters, uma família branca. Morávamos em uma casa própria de quatro cômodos, com um jardim de 4km^2 lotado de vegetais, ao lado da fazenda em que os Poindexters residiam.

Brancos raramente recebiam negros em casa, mas Alline, minha irmã mais velha, e eu costumávamos ser convidadas para lanchar e tomar limonada com os Poindexters. Quando havia outros brancos por perto, sabíamos que não podíamos entrar.

O racismo era comum, e, como muitos condados do Sul da metade do século XX, o nosso não era imune à violência. Um ano depois de eu nascer, o último linchamento conhecido no Tennessee aconteceu não muito longe da nossa casa.

Um homem chamado Elbert Williams foi um dos primeiros organizadores dos direitos civis na região. Em 1940, Williams tentou registrar eleitores negros — um direito que há muito era negado. Ele logo pagou o preço derradeiro por aquele ato de coragem. Em uma noite horrível, foi sequestrado em sua casa por um xerife e por uma gangue de outros homens brancos que acabaram com sua vida brutalmente.

O assassinato do Sr. Williams silenciou o movimento dos direitos civis em nosso condado por duas décadas.

Às vezes, eu via aquele xerife ainda em serviço, apesar de seus crimes. As pessoas não falavam sobre isso. Coisas assim simplesmente não eram discutidas. Havia uma tranquilidade vulnerável entre os cidadãos segregados do condado de Haywood que ninguém queria perturbar.

Embora o racismo fosse galopante, eu tinha coisas mais imediatas com que me preocupar, começando pela percepção precoce de que meus pais não se suportavam. Eles brigavam constantemente, presos em uma batalha irremediável que nenhum dos dois poderia vencer. A infelicidade deles lançou uma extensa sombra sobre a minha infância.

Que interminável
cadeia de infelicidade
o preconceito forja!
— **LENA HORNE**

•

"Amar o próximo"
é um preceito que transformaria o mundo
se fosse universalmente praticado.
— **MARY MCLEOD BETHUNE**

Minha mãe, Zelma, era carinhosa com a minha irmã, mas diferente comigo. Eu sabia que era a filha que ela não queria ter tido. É um fardo pesado demais para uma menina carregar.

Meus pais tentaram escapar de Nutbush várias vezes, na esperança de que uma mudança de cenário lhes desse uma nova vida, e deixaram suas filhas pequenas para trás. Quando eu tinha apenas 3 anos, eles foram trabalhar em uma base militar em Knoxville, a mais de 560km. Não tínhamos telefone, então não tivemos contato enquanto ficaram fora. Pareceria mais perto se tivessem ido para a Lua; ao menos eu podia vê-la.

Embora minha mãe fosse emocionalmente distante de mim, meus parentes por parte dela eram acolhedores e carinhosos. Eu adorava a vivacidade da minha avó, Mama Georgie, e minha prima Margaret, 3 anos mais velha que eu. Margaret foi minha primeira mentora, melhor amiga e irmã de alma, e, de certa forma, era até uma figura materna — incluindo ter "a conversa" comigo quando entrei na adolescência, a única pessoa que o fez.

Quando meus pais foram embora, mandaram Alline ir morar com Mama Georgie e me deixaram com a outra parte da família, meus avós paternos, Mama Roxanna e Papa Alex, pessoas severas e sombrias, altamente carolas. Foi agoniante. Eu era animada e espirituosa, adorava correr no campo, deitar na terra, rir com os amigos, dançar pela casa, deixar os cabelos soltos. Nem um pouco da minha intrepidez natural era permitida em casa.

Mama Roxanna me obrigava a ir à igreja, e meu desânimo era agravado pelo calor sufocante de lá. Não havia ar-condicionado, é óbvio, e era desconcertante para minha mente jovem que todo mundo se arrumasse só para ir se sentar em um forno tórrido e ouvir um sermão. Nunca entendi do que o pregador falava, pois ninguém se preocupava em explicar para as crianças. Para mim, sentada ali, encharcada de suor, era apenas um teste de resistência.

A certa altura, meus pais nos deixaram ir visitá-los em Knoxville. Enquanto estávamos lá, frequentamos uma igreja pentecostal, o que foi uma experiência muito diferente da subjugação da igreja batista. A igreja "santificada" se inflamava, o que eu achava muito mais agradável. As pessoas às vezes "sentiam o Espírito" e começavam a berrar, dançar e cantar nos corredores. Definitivamente, era cheio de ação, muito mais o meu estilo. Eu me juntei a eles de imediato, cantando e dançando.

Um dia, fiquei tão empolgada que tirei a saia enquanto dançava. Algumas pessoas até caem e têm convulsões. Eu achava que eles ficavam animados até demais. Embora a experiência pentecostal não tenha surtido um efeito muito maior em mim do que os cultos batistas, mais calmos, era um verdadeiro espetáculo. E foi divertido!

Em casa, tornou-se obrigatório frequentar a Escola Dominical Batista. Às vezes, era aprazível, porque era bom estar com outras crianças. Mas, quando finalmente tive idade para entrar no coral, foi o meu momento. Eu tinha 8 ou 9 anos e era a cantora mais jovem do grupo, os outros eram adolescentes. Mesmo naquela idade, eu tinha a voz mais potente do coral e muitas vezes era escolhida para solar. Como não tínhamos telefone em casa, aprendi a projetar a voz para falar com amigos e vizinhos sem ferir as pregas vocais, o que fez com que minha voz ficasse mais forte, um talento que me veio a calhar mais tarde na vida.

Meus pais voltaram para Nutbush quando eu tinha 5 anos, então me livrei do ambiente sufocante da casa dos meus parentes. No entanto, nossa casa não era muito melhor, porque meus pais ainda se atracavam com unhas e dentes.

Sempre que eles brigavam, eu saía correndo de casa à procura de um lugar tranquilo para me acalmar. Sentada perto de um riacho, eu observava as libélulas pairando sobre a água, pousando sobre a superfície para matar a sede e, em seguida, disparando, desaparecendo tão rapidamente quanto surgiram.

Eu sonhava acordada em criar minhas próprias asas para que pudesse voar para um lugar mais feliz — uma casa na qual ninguém brigasse e na qual eu fosse vista e amada.

Aquilo era só um sonho. Quando eu estava com 11 anos, minha mãe foi embora, de vez. Ela se mudou para St. Louis. Nunca me enviou uma única carta. Nada. Todos os dias, eu esperava que chegasse algum contato, desejando que ela se lembrasse de mim, mas não a vi novamente até o funeral de Mama Georgie, mais de 5 anos depois.

Logo depois que fiz 13 anos, meu pai também foi embora. Seu destino foi Detroit.

Mergulhe fundo em você todos os dias
e encontre a força interior,
para que o mundo nunca apague sua chama.
— KATHERINE DUNHAM

•

Todos têm algum tipo de dom,
nem que seja aquele
de ser um grande amigo.
— MARIAN ANDERSON

No começo, meu pai se esforçava para manter contato e volta e meia mandava um dinheiro para ajudar nossos parentes a cuidarem de mim. Mas ele nunca mais voltou. Fui uma criança sem pais e sem casa de verdade.

Felizmente, eu ainda tinha minha prima Margaret.

Margaret e eu éramos confidentes e o porto seguro uma da outra, compartilhando nossos sonhos e nossos segredos. Quando eu tinha 14 anos, ela me contou um segredo que eu nunca esperava ouvir: estava grávida. Essa notícia me deixou confusa, porque Margaret sempre foi muito cuidadosa. Ela só tinha 17 anos, não era muito de ficar com meninos como algumas outras meninas ficavam e seu maior sonho era fazer faculdade.

Ela me confidenciou que chegara à conclusão de que ter um bebê e ir para a faculdade eram realidades incompatíveis, então estava determinada a interromper a gravidez. Ela não sabia como, então tentou remédios caseiros tradicionais, como beber preparações quentes de pimenta-do-reino, em tentativas vãs que só resultaram em dor de estômago e um gosto ruim na boca.

Tragicamente, no final de janeiro de 1954, apenas uma semana após me revelar seu maior segredo, Margaret morreu em um terrível acidente de carro.

Eu não conseguia acreditar. Não minha Margaret. A luz da minha vida. Fiquei devastada. Perdida. Sozinha.

A morte era algo em que eu não tinha pensado muito antes de Margaret morrer. Fui ao funeral de Papa Alex quando tinha 11 anos, mas, honestamente, quando o vi deitado quieto no caixão, ele parecia que estava em um sono tranquilo. Perder Margaret foi muito diferente. Nada nunca me atingira com tanta força.

Testemunhei o ciclo de vida e morte na natureza, que faz plantas e animais irem e virem em seu próprio ritmo. E eu tinha ouvido falar de mortes em nossa comunidade, jovens e velhos, em todo tipo de circunstância. Mas dessa vez foi muito pessoal.

Depois que Margaret morreu, falou-se muito sobre a vontade de Deus. Afinal, nossa comunidade era profundamente batista, e essa foi uma resposta natural à súbita tragédia que a matou e a alguns outros jovens, incluindo minha meia-irmã Evelyn (filha de um relacionamento anterior da minha mãe). Pensando nos mistérios da vida e da morte, concordei com a ideia de que existe uma força universal subjacente a nós. Mas pensar em um velho barbudo branco no espaço, monitorando atividades aqui na Terra, parecia nada aceitável e simplesmente irreal.

Eu não conseguia verbalizar a minha ideia de Deus, pois não tinha vocabulário suficiente. Mas, desde que me entendo por gente, eu sabia que poderia experimentar o "divino" na Mãe Natureza. Algo me dizia que eu tinha um pedaço de Deus em meu coração, mesmo que as crenças tradicionais dos meus familiares e a forma como praticavam a religião não fossem adequadas para mim. Eu gostaria que eles praticassem o que pregavam e que tivessem uma vida mais positiva.

Em particular depois da morte de Margaret, eu sabia que teria que descobrir o meu jeito de seguir em frente, para pavimentar o meu caminho para a plenitude.

Passei muito tempo ao ar livre, onde conseguia pensar em paz. A natureza foi o único lugar no qual sempre me senti bem-

-vinda e tinha uma sensação de pertencimento — meu verdadeiro lar na infância. Fosse sentada no jardim à noite, olhando o céu estrelado, fosse deitada à sombra de uma tulipa ao meio-dia, vendo as borboletas se resvalando, eu sentia a força curativa do amor em toda a natureza e a absorvia.

Não deixei que a situação instável da minha família me impedisse de encontrar diversão no mundo ao meu redor. Naquela época, Nutbush e outras áreas ao norte de Memphis eram uma meca para os músicos locais e itinerantes de gospel, blues e jazz. Eles se apresentavam em nossas igrejas, cafés e juke joints,[1] e se tornaram minhas primeiras influências musicais. Eu adorava ouvir todos os diferentes tipos de música e fazia isso sempre que podia. Não tínhamos toca-discos, mas sempre tivemos um rádio, o que já me bastava.

Eu gostava de cantar no coral da igreja e volta e meia tocava com o Sr. Bootsie Whitelow, um nativo popular de Nutbush, e sua banda de cordas. No colégio, meu professor de música até me ensinou a cantar ópera. Eu também tinha outros interesses e me destacava como líder de torcida, no atletismo e no basquete.

Mas, acima de tudo, amo filmes. Sempre que tinha chance, ia ao cinema local, decorava as cenas e as encenava para a minha família quando eu chegava. Depois de ver *Quatro Destinos*, gostei de representar a cena em que Jo e Amy (interpretadas por June Allyson e Elizabeth Taylor) fingem desmaiar. Uma vez, fui tão convincente caindo sem vida no chão, que minha irmã ficou com medo, pensando que eu realmente tinha desmaiado!

---

[1] Pequenos bares informais com música, dança e jogos, dirigidos por afro-americanos. Muitos historiadores os apontam como responsáveis pelo surgimento do blues. [N. da T.]

Imaginar estar em uma tela de cinema me ajudou em muitos momentos difíceis. Enquanto eu trabalhava no campo, colhendo algodão e morangos no calor opressor, imaginava um paraíso distante no qual poderia viver como as elegantes estrelas de cinema. Eu não tinha ideia de onde encontrar essa magia "hollywoodiana", mas sabia, no fundo, que não estava destinada a ficar na fazenda. Sabia que as minhas circunstâncias não limitavam as minhas possibilidades. Tinha certeza de que um dia encontraria o meu lugar no mundo.

A visita que fiz a Knoxville no verão, aos 5 anos, já tinha me dado um gostinho de outra realidade — uma com prédios de tijolos altos, ruas amplas e lojas limpas e reluzentes cheias dos produtos mais modernos. Onze anos depois, quando Mama Georgie repentinamente faleceu, minha mãe me convidou para morar com ela, em St. Louis. Foi quando comecei uma vida totalmente nova.

Morando em uma cidade grande pela primeira vez, eu me senti uma estranha. Mas, como sempre me senti uma estranha na minha própria família, consegui me adaptar logo. Quando fiz 17 anos, fui ao Club Manhattan, uma boate movimentada e toda enfumaçada, na qual conheci dois homens que desempenhariam papéis importantes na minha vida.

O primeiro foi Raymond Hill, um saxofonista talentoso com quem tive um breve romance e meu amado filho Craig. O segundo foi Ike Turner, músico e líder de banda, famoso por sua inovadora canção, "Rocket 88".

Ike me viu no Club Manhattan e me convidou para cantar com sua banda. Ele se tornou meu mentor e lançou minha carreira musical. Foi chocante! Lá estava eu, uma adolescente de pé no palco, com roupas finas, cantando com o coração. Nunca imaginei que esse tipo de carreira fosse possível para mim. Parecia a realização de um sonho, ainda que fosse mais o oposto.

Em uma decisão um tanto precipitada, Ike se tornou meu primeiro marido. O melhor fruto da nossa relação foi meu segundo filho amado, Ronnie. Ike e eu também criamos os dois filhos do seu primeiro casamento, Ike Jr. e Michael, então virei mãe de quatro filhos enquanto tentava me entender como mulher.

Viver com Ike foi uma série de provações. Ele mudou meu nome de Anna Mae Bullock para Tina Turner nos primeiros dias de nosso relacionamento, apesar dos meus protestos. Depois disso, durante nossa difícil ascensão à fama, nos anos 1960, como Ike & Tina Turner Revue, sofri anos de violência doméstica, tanto emocional quanto física. Olhos roxos, lábios arrebentados, luxações, ossos quebrados e tortura psicológica passaram a fazer parte do meu cotidiano. Eu me acostumei a sofrer e tentei me manter sã enquanto, de alguma forma, continha a insanidade dele. Eu sentia que não havia saída.

Em meados da década de 1960, alcançamos o sucesso com algumas de nossas canções, e, em 1966, meu solo de "River Deep Mountain High", produzido por Phil Spector, foi um sucesso no Reino Unido e na Europa. Graças a isso, os Rolling Stones nos convidaram para uma turnê internacional com eles, no outono do mesmo ano, que foi outro sonho que se tornou realidade.

No entanto, depois que voltamos aos Estados Unidos, nossa convivência piorou. A pressão para obter resultados intensificou as inseguranças de Ike e alimentou sua dependência química, tornando seus ataques de violência mais frequentes.

Comecei a perder a esperança.

Em 1968, eu estava tão deprimida e desanimada que não conseguia nem pensar direito. O abuso e as infidelidades de Ike me anestesiaram, tiraram minha autonomia, poder de julgamento e brilho de vida. A única coisa que eu sentia era o fundo do poço. Uma noite, antes de subir ao palco, tentei suicídio tomando cinquenta calmantes. As pessoas que estavam nos bastidores perceberam que havia algo muito errado comigo e me levaram às pressas para o hospital, o que salvou a minha vida.

Quando acordei e percebi que ainda estava viva, fiquei frustrada. Eu achava que a morte era minha única saída. Mas não era da minha natureza ficar no chão por muito tempo. Por quase 29 anos, sempre encontrei um jeito de me levantar e seguir em frente, apesar de todas as provações que tive na vida. Na verdade, este era o meu mantra, antes mesmo de eu saber o que é um mantra: "Eu vou seguir em frente."

Dessa vez, também, fiz o máximo que pude para me livrar do desespero. Se esse fosse o meu destino na vida, pensava, eu de alguma forma tiraria o máximo proveito. Então, ocorreu-me que eu talvez tivesse sobrevivido por um motivo, por algum propósito maior. Daquele momento em diante, não importaria o quão difícil fosse a vida, meu instinto e meu coração me diziam para sempre seguir em frente.

Para onde iria? Eu ainda não fazia a menor ideia.

Nunca subestime o poder dos sonhos
nem a influência do espírito humano...
O potencial para a grandiosidade vive dentro de cada um de nós.
— **WILMA RUDOLPH**

•

Quando perder o rumo
e seu coração não conseguir guiá-lo para casa,
deixe fluir e deixe que Deus...
Nam-myoho-renge-kyo,
Nam-myoho-renge-kyo,
Nam-myoho-renge-kyo.
— **OLIVIA NEWTON-JOHN, "LET GO LET GOD"**

O início dos anos 1970 foi difícil, tanto em termos pessoais quanto profissionais. Não tínhamos emplacado nenhum grande sucesso nos últimos anos, então me encarreguei de fazer algo a respeito. Eu queria escrever uma música. Estava ajudando um compositor que trabalhava conosco, aprimorando uma composição dele, e pensei: *Se ele pode escrever canções, eu também posso.*

Ao longo dos anos, ouvi compositores dizerem: "Escreva sobre o que conhece." Seguindo esse conselho, minha primeira investida foi uma música que escrevi em 1973, "Nutbush City Limits", sobre o lugar onde nasci. Foi um sucesso, principalmente na Europa. Isso aliviou nossos problemas financeiros e me deixou muito feliz, porque me vi capaz de fazer algo criativo. Mas as crianças e eu ainda sofríamos em casa, vivendo à mercê do humor e do temperamento de Ike.

Muitas vezes, eu ficava angustiada e exaurida com o abuso, e estava cada vez mais difícil escondê-lo das pessoas ao meu redor, que não eram cegas aos meus problemas. Quando ficávamos sozinhos, tentavam abordar o assunto, dizendo coisas como: "Espero que esteja se cuidando." Eu sabia que era um modo de dizer: "Por que não se livra desse caos?"

Um dia, nosso engenheiro de som disse algo diferente para mim. "Tina, você deveria recitar mantras.[2] Vai mudar sua vida."

Eu não sabia exatamente o que era recitar mantras e não pedi explicação. Não era o que os hippies faziam? Logo me esqueci daquilo.

---

[2] Na prática budista de Tina Turner, também é conhecido como "prática do daimoku", o que consiste na recitação do mantra "Nam-myoho-renge-kyo". [Nota dos autores para a edição brasileira.]

Alguns meses depois, meu filho mais novo, Ronnie, chegou em casa carregando o que parecia ser um rosário de madeira envernizada. Ele disse, entusiasmado: "Mãe, isso aqui são contas de oração budistas. Se você recitar *Nam-myoho-renge-kyo*, pode ter qualquer coisa que quiser."

Quê?! Como era possível ter qualquer coisa que quisesse? Eu nem sabia como processar aquela informação.

"É meio místico, mas tudo faz sentido", garantiu ele. "Nem sei explicar direito. Vamos subir a rua para uma reunião para recitar daimoku (Nam-myoho-renge-kyo) e aprender mais?"

Em circunstâncias normais, teria ido. Mas, naquela época, eu era basicamente uma prisioneira na minha própria casa; não podia ir a lugar nenhum sem a permissão de Ike. Ele raramente me permitia ir sozinha a qualquer lugar além do supermercado ou do estúdio. Então, disse a Ronnie que ele podia convidar as pessoas da reunião budista para nos visitar, mas que eu não podia ir até elas. Este foi o meu segundo contato com o mantra, mas que também não deu em nada.

Algumas semanas depois, Ike chegou em casa com uma mulher de alma leve, que queria me conhecer. Ele sempre desfilava pela casa com pessoas para "ver a Tina". Do nada, ela começou a falar sobre recitar mantras. Ela era budista.

Parecia que o Universo queria a todo custo me enviar uma mensagem importante. Daquela vez, eu estava pronta para ouvi-la.

Capítulo Dois

Nossos Mundos Interiores

Foi mais um dia tipicamente bonito no sul da Califórnia — o que se vê em cartões-postais, com céu azul e muito sol. Mas não era típico para mim, porque eu tinha ouvido falar sobre recitar mantras pela terceira vez em poucos meses e não conseguia parar de pensar nisso.

Era 1973, e eu me aproximava do meu aniversário de 34 anos, fazendo o possível para criar quatro adolescentes teimosos enquanto lidava com um arsenal de problemas profissionais e no relacionamento. O estresse era descomunal; ainda assim, mantive toda a pressão dentro de mim. Foi um momento ruim, mas, de alguma forma, eu sentia um lampejo de esperança.

Vivi o suficiente para não acreditar em coincidências. Acredito que tudo o que nos acontece, de bom e de ruim, tem um motivo, mesmo que ele nos escape. Apesar disso, eu perguntava-me por que sofri tanto abuso e negatividade mesmo sem ter feito nada para merecê-los. Pelo menos não nesta vida.

Mas, não importava o que acontecesse, sempre quis ser uma boa pessoa. Se houvesse justiça no Universo, a tão almejada positividade surgiria no meu caminho. Talvez aquele fosse o meu momento. Três pessoas que não se conheciam e que tinham diferentes idades, gêneros e etnias me deram o mesmo conselho para eu transformar a minha vida. Eles me disseram: "Estude a sabedoria budista e comece a recitar daimoku."

Senti que essa mensagem chegou a mim por um motivo.

Tudo que eu queria era uma maneira de mudar a minha vida. Mesmo a menor melhora já seria um grande alívio.

Eu deveria recitar daimoku e ver no que dá, disse a mim mesma.

Comecei lendo livros sobre Daisaku Ikeda, um verdadeiro mestre da prática budista. Embora eu não tenha sido uma grande aluna quando jovem, sempre fui curiosa e gostei de aprender. Conforme fui crescendo, os livros se tornaram bons amigos, transportando-me para outros lugares e apresentando-me novas ideias. Não importava se eu lia sobre moda, sobre a história do Antigo Egito, sobre ciência ou sobre política, eu me sentia grata pela oportunidade de me aprimorar.

Os textos sobre Ikeda me levaram a uma era mística na Índia Antiga, na qual conheci o conceito dos Dez Mundos.

Um princípio interessante e prático da sabedoria budista, com origens que datam de quase 3 mil anos, os Dez Mundos descrevem dez categorias da nossa "condição de vida" — nossos humores, pensamentos e estados gerais de ser, em constante mudança — que influenciam poderosamente nossas emoções, nossas ações e nossa visão de nós mesmos e dos outros.

Na verdade, esses dez "mundos" são estados de vida que todos vivemos internamente e que variam do pior ao melhor comportamento humano. A menor dessas condições internas — quando não avaliada ou não refletida — pode levar a hábitos que nos prendem em padrões nem um pouco saudáveis. Sem dúvida, foi isso o que aconteceu comigo.

Ao tomar consciência dessas condições, vi as tendências que me estagnavam e me deprimiam, incluindo baixa autoestima, codependência, anulação e delegação das decisões a respeito da minha vida. Ao ver esses meus aspectos de forma objetiva, eu poderia começar a mudá-los, abrindo caminho para construir a felicidade e o sucesso duradouros.

Para ilustrar os Dez Mundos, convido você a vir comigo em uma rápida viagem. Vamos pular de 1973, quando conheci o budismo, até uma preguiçosa manhã de domingo de 1977. Foi alguns anos depois de eu ter começado a recitar daimoku, e foi o primeiro ano da minha vida de mulher solteira e independente.

Como qualquer pessoa que me conhece bem sabe, adoro dormir. Depois de todos esses anos de shows, virei uma coruja e às vezes gosto de dormir até tarde.

Naquela manhã de um domingo de 1977 não foi diferente.

Ninguém
além de você
pode descobrir seu valor.
— **PEARL BAILEY**

•

O grande desafio não é alcançar a perfeição.
É alcançar a plenitude.
— **JANE FONDA**

•

Nós não vemos o mundo como ele é;
nós o vemos como nós somos.
— **ANAÏS NIN**

Dormindo tranquilamente na minha cama, acordo com o som irritante do despertador. E me pergunto: *Por que fiz isso comigo? Não tenho compromisso. É domingo.*

Com os olhos meio abertos, aperto o botão de desligar e volto para a terra dos sonhos.

Então, um pensamento remoto vem surgindo dos recônditos da minha mente, acordando-me com este fato preocupante: *Hoje é segunda-feira, e estou atrasada para o ensaio do programa da Cher!*

Jogo água no rosto, borrifo perfume e visto as roupas do dia anterior, que estão convenientemente penduradas em uma cadeira, bem onde as deixei. Meu estômago está roncando, então pego uma maçã e corro porta afora.

O trânsito está intenso, o que me atrasa ainda mais, e começo a perder a paciência. Ligo o rádio, esperando que a música me traga algum alívio, quando a linda balada "Evergreen", de Barbra Streisand, começa e acalma meus nervos.

Chego atrasada à CBS Television City, o que não é do meu feitio, e fico grata por ninguém mencionar meu atraso. Todo mundo parece feliz em me ver.

Meu constrangimento pelo atraso logo dá lugar à alegria, quando nosso brilhante figurinista, Bob Mackie, me mostra sua criação reluzente para eu usar no show. Há anos desejo exatamente aquele tipo de figurino e fico feliz que eu tenha conseguido.

O ensaio é divertido e fluido. Cher e eu sempre nos divertimos muito. Depois de uma refeição rápida no Farmers Market, nas proximidades, saio para encontrar alguns amigos que me convidaram para recitar mantras com eles.

Sentindo-me mais feliz do que nunca, sinto-me também mais próxima do meu eu habitual enquanto dirijo meu querido Jaguar XKE Roadster, o que *amo* fazer.

Para minha surpresa, sou repentinamente parada por um policial. Se fiz algo errado, não percebi, então fico nervosa. Tento suprimir a minha angústia e a minha indignação, pensando nas injustiças que os policiais cometem.

Esses pensamentos evaporam-se quando o policial pergunta, com educação: "Como a senhora está hoje?" Digo que estou bem e a caminho de uma reunião budista para recitar daimoku. A expressão em seu rosto indica que ele não esperava ouvir isso. "A senhora tem urgência para chegar lá?", pergunta ele. "Porque passou direto pela última placa de pare."

Acontece que fui parada por causa do hábito, difícil de mudar, das "paradas na Califórnia". Se você nunca ouviu falar disso, explico: é quando as rodas do carro não param por completo em uma placa de pare.

Peço desculpas e digo que não sou a melhor motorista do mundo e que meus pensamentos foram distraídos por algum drama familiar recente. O policial me lembra de sempre parar totalmente nas placas de pare e nos sinais vermelhos, e me dá uma advertência. Então, estou de volta à estrada.

Enquanto dirijo (com muito mais cuidado do que antes de ser parada), ouço na rádio pública uma entrevista fascinante com o cientista Carl Sagan. Seus comentários revelam coisas que nunca imaginei sobre o Universo e que me fazem pensar sobre o meu lugar no mundo.

Enquanto espero para dobrar a esquina, perto de um asilo, vejo uma mulher mais velha, cujo sorriso me lembra da minha querida avó, Mama Georgie. Algo nesse momento me faz decidir que vou dedicar mais tempo a ajudar os outros, do jeito que ela me ensinou.

Obrigada, Mama Georgie, penso comigo mesma, enquanto faço uma oração carinhosa de gratidão.

Por que estou lhe contando todos os detalhes de um dia aparentemente irrelevante em Los Angeles? Porque, durante esse tempo, você viajou comigo por oito dos Dez Mundos, e percorremos todo o caminho do "Mundo dos Espíritos Famintos" ao "Mundo dos Bodisatvas".

Desde os tempos antigos, os Dez Mundos foram descritos (do mais baixo ao mais alto) como Mundo do Inferno, Mundo dos Espíritos Famintos, Mundo dos Animais, Mundo dos Asura, Mundo dos Seres Humanos, Mundo dos Seres Celestiais, Mundo dos Ouvintes da Voz, Mundo dos que Despertaram para a Causa, Mundo dos Bodisatvas e Mundo dos Budas.

Os quatro primeiros desses mundos se resumem assim: o estado de sofrimento ou desespero destrutivo (Mundo do Inferno, ou estado de inferno); o estado de controle pelos desejos insaciáveis (Mundo dos Espíritos Famintos, ou estado de fome); o estado de domínio pelos comportamentos instintivos (Mundo dos Animais, ou estado de animalidade); e o estado de apego do ego, e de domínio pelo conflito e pela arrogância (Mundo dos Asura, ou estado de ira).

O quinto e o sexto mundos são o estado de relativa calma (Mundo dos Seres Humanos, ou estado de tranquilidade) e o de euforia temporária pela satisfação de um desejo (Mundo dos Seres Celestiais, ou estado de alegria).

Juntos, esses seis estados, do Inferno à Alegria, são considerados os caminhos inferiores, uma vez que seu surgimento, ou desaparecimento, é determinado principalmente pela maneira como reagimos às circunstâncias externas. Qualquer satisfação que tenhamos ao experimentar essas condições de vida depende de situações externas temporárias, por isso ela não dura.

Em contrapartida, os quatro mundos restantes são os caminhos superiores, que precisam de nosso esforço interior consciente para se manifestar. Os ganhos que obtemos ao experimentar essas condições mais elevadas são duradouros.

Nos textos budistas, esses quatro caminhos superiores costumam ser chamados de Quatro Nobres Caminhos.

Os dois primeiros são o estado de buscar a verdade a partir dos ensinamentos ou das experiências dos outros (Mundo dos Ouvintes da Voz, ou estado de erudição) e o estado de compreender a verdade por meio dos nossos esforços e observações pessoais (Mundo dos que Despertaram para a Causa, ou estado de absorção). Alcançar essas condições de vida nos dá uma certa independência dos altos e baixos dos caminhos inferiores.

Então chegamos aos dois caminhos mais elevados.

O primeiro é o estado de compaixão, altruísmo e busca da iluminação de quando se encontra alegria em ajudar os outros a fazerem o mesmo (Mundo dos Bodisatvas, ou estado de bodisatva).

Por fim, temos a condição mais elevada da vida. É o estado de liberdade total, felicidade absoluta e plenitude, no qual desfrutamos de uma sensação ilimitada de unidade com a força vital do próprio Universo (Mundo dos Budas, ou estado de buda). Gosto de pensar nisso como uma condição indestrutível, semelhante a um diamante — um tesouro que temos no fundo dos nossos corações.

Conhecemos as melhores condições de vida por meio da combinação das nossas ações positivas, em particular daquelas que realizamos enquanto estamos no Estado de Bodisatva. O Estado de Buda transborda de compaixão ilimitada, de sabedoria infinita e de coragem inabalável.

Todos temos o potencial de manifestar qualquer uma dessas dez condições a qualquer momento, e, enquanto experimentamos uma delas, as outras nove permanecem latentes.

Como mostra o exemplo do meu dia memorável de 1977, todos passamos por oscilações de uma condição de vida, ou mundo, para outra, e podemos passar por muitas em um único dia. A todo momento, estamos sempre passando por uma delas, e os aspectos delas, que se passam dentro de nós, são refletidos externamente em todas as áreas das nossas vidas.

Na infância, eu não sabia que as qualidades do Estado de Buda existiam. O ambiente da minha casa girava principalmente em torno dos quatro ou cinco mundos inferiores. Vez ou outra, havia momentos em que eu vivenciava brevemente a Alegria, como quando eu ia ao cinema ou visitava minha amada

O que vem de fora são simples adereços;
tudo de que precisamos está dentro de nós.
— **ETTY HILLESUM**

•

Conhecer a si mesmo
é a origem de toda sabedoria.
— **ARISTÓTELES**

•

A mente é sua casa por natureza; ela é capaz
de tornar o paraíso um inferno, e o inferno, um paraíso.
— **JOHN MILTON**

Mama Georgie. Mais tarde, na escola, experimentei os estados de Erudição e Absorção, expandindo meus horizontes com novas disciplinas e atividades nas aulas. Mas esses estados eram irregulares e breves.

Quando eu era adolescente, aceitei trabalhar para os Henderson, uma família branca jovem e gentil, que me abriu os olhos para o que é um lar feliz. Pela primeira vez, vi o que poderia ser uma condição de vida superior. Eu sentia sua compaixão e seu desejo de me ajudar no modo como me ensinavam boas maneiras e me contavam sobre o mundo fora do Tennessee. Graças aos Henderson, observei o mundo do Bodisatva e aspirei ter o tipo de positividade que vi em suas vidas.

Embora eu estivesse me conscientizando de que havia estados de vida mais elevados, não sabia como alcançá-los. Eu não conhecia um meio de transformar o meu estado de vida.

Porém, carreguei essas memórias comigo como uma luz guia.

Mais tarde, fui auxiliar de enfermagem em um hospital. Deixe-me dizer-lhe, se há um lugar na Terra no qual todos os Dez Mundos se manifestam ao mesmo tempo, é o hospital. Há pessoas passando por emergências genuínas, bem como hipocondríacos; pessoas esperando para doar sangue; pessoas fazendo pesquisas importantes para curar doenças; bebês chorando seu primeiro choro, entes queridos dando seu último adeus e tudo mais. Também foi uma experiência que abriu a minha mente.

Agora que estamos familiarizados com a gama de condições de vida, vamos revisitar a jornada daquele meu dia de 1977, só que, desta vez, através das lentes dos Dez Mundos.

Dormindo confortavelmente na minha cama, estou em Tranquilidade.

Quando o alarme toca, reflexos instintivos e talvez um medo momentâneo acionam a Animalidade. Pensar que posso voltar a dormir pelo tempo que eu quiser é a Alegria, que logo se desfaz quando lembro que é segunda-feira. A confusão vira Ira, enquanto me repreendo por dormir demais.

Agora, você pode interpretar minha ânsia ao sair de casa como Fome, mas é mais precisamente Animalidade, uma vez que é instintiva, em contraste com o estado real de Fome, que abarca desejos e ganância (não fome literal).

O engarrafamento traz a Ira novamente, mas a música suave me ajuda a voltar à Tranquilidade.

A realização de algo que desejo há tanto tempo (Fome), o lindo figurino de Bob Mackie, traz a Alegria, embora seja um pico temporário.

De volta ao carro, retorno à Tranquilidade, até o policial me interromper e trazer à tona, por um breve tempo, a Ira. Felizmente, ele me deixa ir apenas com uma advertência, e a Tranquilidade retorna.

Ouvir as ideias de Carl Sagan na rádio dá lugar à Erudição e à Absorção. Para encerrar o dia, relembrar minha avó e suas lições sobre ajudar os outros me leva de imediato ao Bodisatva.

Agora que estou terminando meu dia em uma condição de vida melhor, as coisas que pareciam ruins no início se suavizaram. Mas as circunstâncias externas não mudaram — foi a minha condição de vida que mudou. Ela influencia minha visão sobre todo o dia, sobre o passado e sobre o presente.

Se você não consegue encontrar a paz em si mesmo,
nunca a encontrará em lugar nenhum.
— **MARVIN GAYE**

•

Eu acredito em alma... acredito que somos responsáveis
por nossas escolhas; assumir todos os
nossos pensamentos, todos os nossos comportamentos
e todas as nossas ações tem um poder inenarrável.
— **ALICE WALKER**

•

O mistério definitivo é conhecer a si mesmo.
— **SAMMY DAVIS JR.**

Em outras palavras, nossa condição de vida pode iluminar ou obscurecer a forma como nos sentimos a respeito das mesmas circunstâncias.

Embora os detalhes sejam diferentes, tenho certeza de que você já passou por situações semelhantes e que conhece a sensação de estar em uma montanha-russa de emoções por experimentar muitas condições de vida diferentes em um único dia.

Quanto mais aprendo sobre a psicologia moderna, mais vejo suas semelhanças com a antiga sabedoria budista. Até descobri que a conhecida teoria da autorrealização e a hierarquia das necessidades, ambas de Abraham Maslow, equiparam-se aos Dez Mundos. A primeira vez que vi a hierarquia desenhada como níveis em uma pirâmide, fiquei impressionada com sua equivalência aos níveis budistas das condições de vida.

A teoria de Maslow diz que as pessoas buscam naturalmente satisfazer suas necessidades básicas de baixo para cima:

Primeiro, há o nível fisiológico, das necessidades básicas de sobrevivência (comida, água e abrigo); depois, vem o da segurança (segurança, saúde e finanças); e o nível social, das necessidades psicológicas de pertencimento (amor, amizade e família). Esses três primeiros níveis da pirâmide de Maslow correspondem às seis condições de vida inferiores dos Dez Mundos.

Por exemplo, se lutamos para atender às necessidades físicas e de segurança básicas, é provável que passemos por Inferno, Fome, Ira e Animalidade. E, quando nossas necessidades psicológicas são atendidas, alcançamos Tranquilidade e Alegria.

Na pirâmide de Maslow, o próximo nível é a estima (realização, liberdade e autoconfiança), que corresponde à Erudição e à Absorção; e, por fim, há o nível da autorrealização (realização do potencial, descoberta do propósito e percepção objetiva), que compartilha elementos das condições de vida do Estado de Bodisatva e do Estado de Buda.

Quando buscamos nos autorrealizar — quando aspiramos manifestar o Estado de Bodisatva e o Estado de Buda —, mudamos para melhor. Falei sobre isso muitas vezes durante uma turnê pelo Japão no final dos anos 1980, explicando que, graças à minha prática budista, senti como se uma pessoa diferente tivesse emergido de dentro de mim, meu verdadeiro eu, com um forte senso de propósito e uma forte autoconsciência.

Apesar das semelhanças entre os Dez Mundos e a hierarquia de Maslow, eles têm uma distinção fundamental. Diferentemente dos estágios que se devem cumprir para passar para o próximo nível na pirâmide de Maslow, a mensagem otimista do budismo é que cada um dos Dez Mundos contém o potencial de todas as outras condições de vida dentro de si. Em outras palavras, podemos passar diretamente de uma condição para outra, sem termos que experimentar alguma intermediária.

Esse conceito é libertador porque diz que, mesmo que estejamos experimentando a condição do Inferno, temos o potencial de manifestar instantaneamente qualquer um dos estados superiores, até mesmo o Estado de Buda.

Por exemplo, pessoas que sobreviveram a desastres naturais relatam experiências profundas sobre a inter-relação de todos os entes vivos. Elas tendem a se sentir mais compassivas e mais ligadas ao Universo.

Essa consciência do nosso potencial de nos erguermos das profundezas do sofrimento para o estado mais elevado da existência humana é transformadora. Munidos desse conhecimento, vemos que existem aspectos positivos em todas as condições, por isso, não precisamos temer nenhum estado de vida. Quando acordamos para esta realidade, de que qualquer condição que vivenciemos tem o potencial para todos os outros estados de ser, podemos encontrar a luz da esperança, não importa quais sejam as nossas circunstâncias.

Essa compreensão é fundamental, porque, sem esperança, tudo pode se tornar uma fonte de desespero. Com esperança, de alegria.

Também temos a certeza de que podemos usar qualquer uma das condições de vida inferiores como combustível para alcançar as superiores. Esta é a nossa superpotência humana, a capacidade de "transformarmos veneno em remédio".

Graças à prática budista, o processo fortalecedor de transformar veneno em remédio — transformando a negatividade destrutiva em positividade criativa — tornou-se o tema otimista da minha vida, que exploro mais no Capítulo Cinco.

Nesse ínterim, saiba que, sempre que sentir sua condição de vida mergulhar nos mundos inferiores, você pode se elevar. Às vezes, pode fazer isso por meio de esforços relativamente simples. Focar sua mente, fazer ioga, correr, nadar, malhar, praticar exercícios respiratórios, caminhar, "sacudir-se"; e, como muitos de nós aprendemos no jardim de infância, descansar ou tirar um cochilo às vezes faz maravilhas. Se esses métodos não forem eficazes para elevar seu estado de espírito, explore outros, como orações, recitar mantras, meditação ou estudo. Escolha o caminho que for o melhor para você.

No meu caso, até os 34 anos, nada do que tentei pareceu causar uma melhora duradoura na minha condição de vida. Nada me ajudava a sair dos mundos inferiores. Eu estava presa em ciclos negativos, sofrendo silenciosamente, sem saber como tornar meus sonhos reais.

Então, comecei a recitar daimoku. O budismo me ensinou um caminho direto para elevar a minha condição de vida, uma via de expressão espiritual, por assim dizer, recitando *Nam-myoho-renge-kyo.*

Acho que a maioria das pessoas que me conhecem um pouco sabe que estudo e pratico o budismo, e que costumo recitar *Nam-myoho-renge-kyo.* Mas aposto que poucas sabem como essa recitação realmente funciona.

Agora que exploramos os Dez Mundos juntos, veremos o que as palavras — ou sons — *Nam-myoho-renge-kyo* significam, literalmente e para mim em particular. Quero compartilhar com você algumas das maneiras maravilhosas como esse mantra me ajudou a me tornar mais feliz e mais forte, e elevou minha condição de vida — e como pode fazer o mesmo por você.

ASPECTOS POSITIVOS E NEGATIVOS DE CADA UM DOS DEZ MUNDOS

1. MUNDO DO INFERNO

Positivos: Experiências pessoais de profundo sofrimento podem nos motivar a ajudar as outras pessoas a encontrarem uma saída para o seu sofrimento.

Negativos: Desespero sem esperança; incapacidade de entender a si e aos outros; tendências autodestrutivas.

•

2. MUNDO DOS ESPÍRITOS FAMINTOS

Positivos: Busca de metas; desejo de fazer mais.

Negativos: Ganância; hedonismo; desejos insaciáveis.

•

3. MUNDO DOS ANIMAIS

Positivos: Instintos saudáveis para sobreviver e para proteger e nutrir a vida.

Negativos: Ações movidas por instinto; subjugação dos mais fracos; medo dos mais fortes.

•

4. MUNDO DOS ASURA

Positivos: Centelha para combater a injustiça; força criativa para a mudança.

Negativos: Desejo de vingança; competitividade destrutiva; conflitos.

5. MUNDO DOS SERES HUMANOS

Positivos: Estado neutro de paz; capacidade de agir com a razão.

Negativos: Estado de inatividade passiva; relutância em resolver problemas; preguiça.

●

6. MUNDO DOS SERES CELESTIAIS

Positivos: Sensação de prazer e felicidade; consciência aumentada; satisfação por estar vivo.

Negativos: Euforia de curta duração, tipicamente voltada para si mesmo; desejo de repetir a gratificação, que leva a excessos.

●

7. MUNDO DOS OUVINTES DA VOZ

Positivos: Busca pelo autoaperfeiçoamento estudando novos conceitos e os ensinamentos alheios.

Negativos: Tendência a se tornar egocêntrico; desprezo por quem tem menos experiência ou menos conhecimento.

●

8. MUNDO DOS QUE DESPERTARAM PARA A CAUSA

Positivos: Busca por sabedoria e perspectiva por meio do próprio aprendizado e da observação do mundo.

Negativos: Falta de uma visão ampla da vida devido ao egocentrismo; superioridade em relação aos outros.

9. MUNDO DOS BODISATVAS

Esta palavra contém *bodhi*, ou "iluminação", e *sattva*,
ou "seres vivos" — significa aquele que busca a iluminação
para si mesmo e para os outros.

Positivos: Compaixão; agir de forma abnegada
em prol dos outros, sem expectativa de recompensa.

Negativos: Negligenciar a própria vida; desprezo
por aqueles que tenta ajudar.

•

10. MUNDO DOS BUDAS

Representa o estado de iluminação
para a realidade derradeira do Universo
e para todo o funcionamento da vida.

Positivos: Sabedoria, coragem e compaixão ilimitadas; uma
grande força vital que ilumina os aspectos positivos de cada
um dos outros nove mundos. O Estado de Buda é a única condição de vida que não tem aspectos negativos.

Capítulo Três

O Hino dos Anjos

A fragrância das flores perfumava meu jardim de primavera enquanto eu olhava para as águas cintilantes do Lago de Zurique. Sorri quando comecei minhas orações matinais, percebendo que já fazia quase meio século desde que recitei *Nam-myoho-renge-kyo* pela primeira vez.

A transformação que ocorreu na minha vida desde que ouvi essas palavras pela primeira vez até hoje, enquanto escrevo, é extraordinária. Se não tivesse feito a jornada, eu a acharia utópica. No entanto, foi exatamente isso — realizei os meus sonhos, transformei minha ideia de utopia em realidade.

Quaisquer que sejam seus sonhos, eu sei que você também pode torná-los realidade.

Meu desejo é que você tenha sucesso e alcance a plenitude como a entende, não importa o que seja. Se tirar alguma utilidade destas páginas, espero que minha história de autorrealização conduza e inspire seus sonhos, agora e no futuro.

Quando falo de tornar sonhos reais, não me refiro aos desejos externos das nossas vidas. Recompensas materiais são maravilhosas, e sou profundamente grata por todas as coisas incríveis que tenho hoje. Trabalhei muito para chegar aonde estou. Mas não é dessa transformação que falo. O que mudou para mim, que me permitiu obter todos os benefícios tangíveis de que desfruto, foi infinitamente mais importante — as profundas mudanças internas que resultaram da minha prática espiritual de recitar daimoku, estudar e ajudar os outros.

Receber o benefício do *Nam-myoho-renge-kyo* pela primeira vez marcou o início de uma nova vida para mim, de mais maneiras do que eu poderia imaginar. Graças ao despertar espiritual que tive com o daimoku, minha visão e força se expandiram para eu fazer inúmeras mudanças importantes na minha vida.

Tudo começou quando tive aquela série de encontros com pessoas que me incentivavam a recitar daimoku. Felizmente, ouvi a mensagem que tanto queria me alcançar. Comecei recitando daimoku um pouco a cada dia, às vezes apenas repetindo *Nam-myoho-renge-kyo* algumas vezes. Passei a recitar cinco minutos por dia, depois quinze, e notei pequenas, mas definitivas, melhorias e mudanças na minha condição de vida.

Por exemplo, encontrei uma marca de maquiagem que eu adorava e que tinha sido descontinuada, e muitas vezes eu passava por longos trechos com semáforo verde. Aos poucos, a prática budista foi me ajudando a reorganizar meu lugar no

Universo. Logo passei a recitar daimoku por meia hora, às vezes, uma.

Embora eu quisesse recitar com o meu *sangha*, a comunidade
local de adeptos do budismo, ainda era casada com Ike, e ele
tinha medo que eu fosse, porque achava que eu lançaria uma
maldição sobre ele ou algo do tipo. Hoje percebo que ele temia
quem eu poderia me tornar com a prática espiritual. Seu domínio sobre mim foi ameaçado porque o daimoku me fortaleceu.

Ele quase nunca me deixava sair para encontrar pessoas
sem ele, então eu dava um jeito de recitar daimoku escondi-
da, arranjando momentos preciosos para fazer minhas orações,
de manhã e à noite. Às vezes, alguns dos meus bravos amigos
companheiros de oração, Susie Sempers, Valerie Bishop e Maria
Lucien, esgueiravam-se para minha casa e praticavam comigo
quando Ike não estava.

Aos poucos, senti que entrava em sintonia comigo mesma,
no ritmo da vida no nível mais profundo. Quanto mais eu recitava, mais sentia meu verdadeiro eu, minha natureza de buda
inerente, despertando. Minha condição de vida continuou me-
lhorando, e fui criando um desapego em relação ao meu então
marido. Fiquei tão forte por dentro que nossos conflitos começaram a parecer um jogo, uma espécie de teste cármico.

No meio do caos, senti como se eu tivesse renascido.

Quanto mais forte minha luz interior brilhava, mais meu ambiente melhorava, e os sonhos que eu nem mesmo expressava
fora das minhas orações começaram a se tornar reais. Os ganhos
internos foram acompanhados por outros benefícios, iniciando
um ciclo positivo que foi crescendo com o tempo. O primeiro

grande exemplo foi poderoso. Eu sempre quis atuar em filmes e, do nada, fui convidada para estrelar a ópera rock *Tommy*, com Elton John, Ann-Margret, Roger Daltrey, Eric Clapton e Jack Nicholson. Lembra-se do meu amor por filmes quando criança? Este foi um sonho legítimo que se tornou real.

Nos anos seguintes, fui aumentando a prática budista, aos poucos, mas com toda a convicção. Fiquei mais forte — tanto que, no verão de 1976, finalmente encontrei coragem para fugir de Ike, para escapar da situação doméstica insalubre em que fiquei presa por tanto tempo, e pedi o divórcio.

Depois que conquistei minha independência, também ganhei a liberdade de ir às reuniões para recitar daimoku sempre que quisesse. Em todo o mundo, há reuniões de bairro organizadas pela rede budista Soka Gakkai Internacional (SGI); encontros acolhedores e cordiais para recitar *Nam-myoho-renge--kyo*. Participei das reuniões mais próximas de mim, na área de Brentwood, no oeste de Los Angeles.

Ah, eu amava estudar e praticar o budismo com outras pessoas de mente aberta. Que alívio e felicidade! Depois de anos de opressão em casa, ter a liberdade de expressar meus pensamentos e crenças era pura alegria. Olhando para trás agora, parece algo muito simples. Mas quem sobreviveu a relacionamentos abusivos e codependentes sabe o valor dos prazeres e dos direitos básicos, que podem parecer óbvios e naturais para os outros.

No oeste de LA, também descobri que vários músicos, incluindo meus amigos Ana Maria e Wayne Shorter (o gênio do jazz), realizavam reuniões de daimoku. Ana e eu nos conhecemos em uma boate de Nova York, muito antes de eu ouvir sobre o budismo. Wayne se apresentaria no mesmo lugar que eu, e Ana e eu fizemos amizade nos bastidores.

Mesmo sendo amigos há um tempo, eu não sabia que Ana e Wayne praticavam o budismo até eu começar. Quando fui contar à Ana o quanto adorava recitar daimoku, pensando que estava compartilhando algo novo e interessante, ela respondeu com um sorriso e um grande abraço, dizendo: "Querida, recitamos há anos!"

Ana me disse mais tarde: "Quando nos tornamos amigas, em Nova York, senti uma profunda tristeza em você e senti que você estava omitindo uma parte da sua vida." Mesmo sem saber dos meus problemas, ela disse: "Desde que nos conhecemos, coloquei o seu nome no meu livro de orações e tenho recitado pela sua felicidade verdadeira."

Ouvir suas palavras sinceras me deu um arrepio e me trouxe lágrimas aos olhos. Era outro sinal de que eu estava exatamente onde deveria estar — havia encontrado meu espaço sagrado, minha amada comunidade de alma.

Quando comecei a prática diária do daimoku, fiquei surpresa ao descobrir que alguém que sempre admirei, Mahatma Gandhi, abria as reuniões diárias de oração em seu *ashram* recitando *Nam-myoho-renge-kyo* com seus discípulos.

Mas a história do *Nam-myoho-renge-kyo* começou muito antes de mim, ou mesmo de Gandhi. Tudo começou há mais de 2.500 anos, com um sábio chamado Shakyamuni. No Ocidente, Shakyamuni é mais conhecido como Sidarta Gautama, o Buda histórico. Adoro ler histórias sobre o budismo. Minha sala de

Existe um poder misterioso inexprimível
que permeia tudo...
uma ordem no Universo...
uma lei inalterável governando tudo
e todos os seres que existem ou vivem. Não é uma lei cega,
pois nenhuma lei cega poderia governar a conduta dos seres vivos.

— MAHATMA GANDHI

•

O que nos une é muito maior do que
nossa divisão em família e amigos...
Somos viajantes espirituais na Terra.

— MARIAN WRIGHT EDELMAN

oração está repleta de livros elucidativos sobre o assunto, e gostaria de compartilhar com você um pouco do que aprendi.

Shakyamuni nasceu como príncipe no norte da Índia (onde hoje é o Nepal), e seu nome significa "sábio do clã Xáquia" em sânscrito, que era a língua de sua terra. Embora tenha crescido no luxo, aos 19 anos descobriu que as pessoas além dos muros do seu palácio sofriam. Então, ele renunciou ao seu status real de regalias e partiu sozinho para experimentar as duras realidades do cotidiano daquelas pessoas.

Shakyamuni se dedicou a uma busca espiritual, visando compreender os mistérios do que enxergava como os quatro sofrimentos inevitáveis da humanidade: o nascimento, as doenças, o envelhecimento e a morte. Após sobreviver a muitas provações, praticar a disciplina e meditar por quase dez anos, encontrou a iluminação enquanto estava sentado sob uma magnífica árvore de *bodhi*. Assim, aos 30 anos, ele ficou conhecido como Buda.

O termo *Buda* significa "aquele que é iluminado". Quando uma pessoa não tem certeza sobre o funcionamento do Universo, ela é prosaica e iludida; mas, quando alcança a iluminação a respeito da natureza de toda a vida, torna-se um Buda.

Após alcançar a iluminação, Shakyamuni passou os próximos quarenta anos da sua vida compartilhando suas revelações, viajando longas distâncias para ajudar a aliviar o sofrimento que via por toda parte. Para espalhar sua mensagem, ele preparou seus discípulos, ensinando-lhes primeiro os conceitos de forma simplificada até gradualmente sedimentar suas revelações definitivas, da mesma forma que se aprende aritmética básica antes de passar para a geometria e para as vertentes mais complexas da matemática.

A sabedoria que Shakyamuni compartilhou foi compilada em "sutras", que são coleções de ensinamentos e palestras. A palavra *sutra*, em sânscrito, significa "fio", representando a tecelagem da sabedoria, que cria tapeçarias de iluminação.

Durante os últimos oito anos da vida de Sakyamuni, ele ensinou suas revelações definitivas, que estão no Sutra do Lótus.

Embora a sabedoria do Sutra do Lótus seja nova para muitos no Ocidente, alguns escritores norte-americanos — Henry David Thoreau e Ralph Waldo Emerson — apresentaram-na à grande parte do mundo ocidental no século XIX.

"A Pregação do Buda" foi o nome dado aos trechos do Sutra do Lótus que saíram na edição de janeiro de 1844 de *The Dial*, um jornal de publicação trimestral sediado em Boston.

Thoreau ajudou a traduzir o texto, de uma versão francesa, para o inglês, e Emerson atuou como editor. Sabe-se que Emerson estudava a sabedoria oriental, e sua publicação de trechos do Sutra do Lótus foi outro sinal de sua ânsia por compartilhar com a sociedade ocidental o que aprendera.

Hoje, o Sutra do Lótus é o sutra mais adotado no mundo. É a base de muitas escolas do pensamento budista que se espalharam pela Ásia durante os 2.500 anos desde Shakyamuni.

Como o cristianismo e outras religiões de alcance mundial, o budismo pode ser entendido como uma árvore antiga com muitas ramificações, cada uma à sua maneira. Entre elas, está a tradição budista da Soka Gakkai, que pratico. Essa tradição se originou com os ensinamentos do reformador religioso e filósofo Nitiren (ou Nichiren) Daishonin, no Japão do século XIII.

Nitiren viveu durante uma época de terrível agitação social e de catástrofes naturais. Nascido em uma família de pescadores, começou a se interessar por filosofia na infância.

Aos 12 anos, passou a dedicar sua vida ao estudo e começou a pesquisar a vasta riqueza das escrituras budistas. Por duas décadas, Nitiren procurou elucidar a essência do budismo e simplificar sua prática, abrindo caminho para que qualquer pessoa conseguisse alcançar o Estado de Buda, independentemente da sua condição de vida ou das suas circunstâncias.

Nitiren ensinou que recitar *Nam-myoho-renge-kyo* é a essência do Sutra do Lótus. Ele concentrou sua vida em ensinar às pessoas que essa prática simples contém a totalidade dos ensinamentos budistas e pode abrir as portas da iluminação para todos.

Hoje, recitar *Nam-myoho-renge-kyo* é uma das práticas budistas mais conhecidas e amplamente adotadas em todo o mundo. A qualquer momento, dia ou noite, várias pessoas em todo o mundo estão recitando, incluindo eu.

Algumas pessoas dizem que *Nam-myoho-renge-kyo* é música para os ouvidos. Na tradição da Soka Gakkai, somos ensinados a recitá-lo. Quando participei pela primeira vez de uma reunião de daimoku da SGI e ouvi um grupo de pessoas recitando em harmonia, a energia era tão bela e forte que senti a bondade ao meu redor e uma sensação feliz de infinitude.

Fiquei profundamente comovida e pensei comigo mesma: *Nam-myoho-renge-kyo é o hino dos anjos.*

Então, por que eu e milhões de outras pessoas recitamos?

A resposta mais simples é esta: para alcançarmos a plenitude do ser.

Em cada canto de cada país que visitei em minhas viagens, vi um desejo comum a todas as pessoas: o de obter a felicidade duradoura.

Todo mundo quer ser feliz. A busca pela felicidade é instintiva, transcende credos e culturas. Tudo o que as pessoas dizem ou fazem está basicamente enraizado na crença, embora muitas vezes inconsciente, de que suas ações levarão à felicidade.

O truque é fazê-la durar. A felicidade é um sentimento. E, como todos eles, pode desaparecer tão rápido quanto surge.

A felicidade verdadeira e duradoura é fugidia. Eu sei bem. Apesar de ter trilhado meu caminho, penoso desde o início, até o reconhecimento internacional, houve situações, mesmo nos melhores momentos, em que eu sentia como se faltasse algo. Meu carma, minhas limitações cármicas, era uma corrente invisível me puxando para trás. Tenho certeza de que você já ouviu a palavra *carma*, mas o que ele é exatamente?

Carma é uma palavra em sânscrito que significa "ação". Pense nele como a soma de todas as suas ações — pensamentos, palavras e atos —, desde sempre até hoje e daqui para o futuro, à medida que você continua agindo. O carma é um equilíbrio, por assim dizer, dos seus atos negativos e dos positivos ao longo do tempo, sem começo nem fim.

Somos poeira de estrelas
Somos o puro ouro
E temos, todos,
Que retornar ao jardim
— **JONI MITCHELL, "WOODSTOCK"**

•

Suas ações fazem diferença,
e você decide que tipo
de diferença deseja fazer.
— **JANE GOODALL**

•

Espalhe amor por onde for.
Que ninguém jamais se despeça de você
sem se sentir mais feliz do que antes.
— **MADRE TERESA**

O carma determina nossa condição de vida dominante. Ele é o que nos faz às vezes ficar presos, aparentemente incapazes de superar os desafios, o que nos leva a enfrentar padrões que não queremos e o que nos faz sentir incapazes de nos elevar de condições de vida inferiores a superiores. Essas limitações resultam das nossas ações, ou seja, do nosso carma.

Pense nas limitações cármicas, tipicamente invisíveis a olho nu, como a gravidade. A atração da gravidade, como a do carma, é invisível, mas influencia tudo o que fazemos.

E, no entanto, a ciência encontrou maneiras de escapar da atração gravitacional da Terra. Gosto das explicações simples do astrofísico Neil deGrasse Tyson sobre isso. Ele diz que, para escapar da gravidade, devemos nos mover a uma velocidade maior do que a dela. Essa velocidade é conhecida como "velocidade de escape" cósmica. Cada objeto no Universo tem uma. Na Terra, essa velocidade é de cerca de 11km/s.

Isso significa que, para escapar da atração da gravidade, você deve deixar a superfície da Terra com uma força tão grande que o impulsione a pelo menos 11km/s.

Penso no carma de maneira semelhante.

Para se libertar dos laços invisíveis dele e alcançar a "velocidade de escape cármico", aumente o poder da sua força vital até que ela se torne maior do que a sua força de atração cármica.

Bem, alguns carmas são leves, como a gravidade na Lua. (A velocidade de escape lunar é apenas um sexto da Terra.)

Outros carmas são pesados e parecem inevitáveis, exatamente como senti minhas circunstâncias por muito tempo. O carma pesado é como a atração de um enorme buraco negro, que puxa tudo para o seu abismo destrutivo.

Para escapar da atração de um buraco negro no espaço, você precisa viajar mais rápido do que a velocidade da luz. No entanto, como Albert Einstein nos ensinou, nada no espaço se move mais rápido do que ela, e, portanto, você ficaria preso, sem nada que pudesse fazer a respeito.

No caso de um buraco negro cármico, porém, sua força vital pode definitivamente atingir uma velocidade maior do que a da luz — vamos chamar isso de velocidade da iluminação.

Ao aumentar a velocidade da sua iluminação espiritual, você se liberta da força de todo tipo de limitação cármica.

Minha vida é a prova disso.

Às vezes, libertar-se da atração do carma negativo não requer uma mudança externa, mas interna — no coração, na percepção. Pois, como sabemos pelos Dez Mundos, a qualidade de nossa condição de vida — seja alta, seja baixa — pode fazer com que façamos o melhor do pior ou o pior do melhor.

É aí que entra o poder de recitar *Nam-myoho-renge-kyo*.

O significado básico de *Nam-myoho-renge-kyo* é: Devoção à Lei Mística do Sutra do Lótus.

Expanda sua mente e voe.
— **WHITNEY YOUNG**

•

O que há de mais lindo que podemos
experimentar é o mistério.
— **ALBERT EINSTEIN**

•

Ó, amigo, entenda:
O corpo é como o oceano,
rico em tesouros escondidos.
Abra aquele porão interior
e as luzes acenda.
— **MIRABAI**

Um significado mais intricado da frase revela-se olhando para cada um de seus elementos:

Nam
Pronuncia-se *nám*

Myo
Pronuncia-se *miô*

Ho
Pronuncia-se *rô*

Ren
Pronuncia-se como o ren de me *ren* gue

Ge
Pronuncia-se *guê*

Kyo
Pronuncia-se *quiô*

Nam significa "devotar-se".

Myoho significa "Lei Mística", com *myo* indicando a essência mística da vida, e *ho*, suas manifestações. *Myoho* expressa a força vital fundamental do Universo.

Depois, *renge* significa "flor de lótus", expressando causa e efeito, uma vez que ela produz flores e vagens ao mesmo tempo.

Renge também representa o Sutra do Lótus.

Por fim, *kyo* tem várias camadas de significado, incluindo os ensinamentos de Buda e a vibração do som.

Nam-myoho-renge-kyo pode ser interpretado, de forma floreada, como: "Eu me dedico à Lei Mística universal de causa e efeito por meio da vibração ressoante da sabedoria de Buda."

Pense no ato de recitar *Nam-myoho-renge-kyo* como uma espécie de exercício espiritual. Você provavelmente já percebeu que algumas pessoas só precisam malhar um pouco para ficar em boa forma física, enquanto outras precisam se exercitar muito. Acredito que a aptidão espiritual funciona do mesmo jeito.

Dependendo das nossas circunstâncias, condição de vida predominante e padrões cármicos particulares, o esforço que devemos exercer para permanecer em um lugar espiritualmente forte é diferente. Também difere dependendo de nossos objetivos e dos tipos de mudanças que pretendemos fazer.

Quando enfrentei os maiores desafios da minha vida, também estava tendo os maiores sonhos que já imaginei, e eu recitava várias horas de daimoku por dia para alcançá-los. Quando menciono o quanto recitei durante aqueles dias mais árduos, as pessoas ficam boquiabertas e dizem que não conseguiriam ter força de vontade ou tempo para fazer qualquer coisa por várias horas por dia. Isso é compreensível, e está tudo bem.

Talvez quinze ou trinta minutos sejam a quantidade diária ideal de daimoku para você. O principal é recitar o quanto quiser, e, ainda que por pouco tempo, será benéfico. Está tudo nas suas mãos.

Para mim, recitar várias horas por dia durante aqueles anos difíceis foi revigorante. Eu sentia a diferença que o daimoku fazia na minha vida, o que me motivava a recitar ainda mais.

Parecia que era o certo. Como eu não ia querer fazer mais de algo que melhorou minha vida de forma tão drástica?

Comparo isso com a preparação necessária para vencer uma competição de atletismo. No meu coração, decidi buscar o ouro em uma Olimpíada espiritual, mas inicialmente eu não era qualificada nem para um time universitário júnior. Tive que trabalhar mais para compensar minhas deficiências.

Se você mensurar a disciplina necessária para eu ir de onde estava para onde queria, é fácil entender por que minha prática era tão extensa na época. Com o passar dos anos, à medida que minha condição de vida ascendeu e minhas circunstâncias melhoraram, minha prática mudou para níveis mais moderados.

Independentemente de recitar por minutos ou horas, sempre adorei essa rotina. Foi assim que me salvei. Foi assim que realizei meus sonhos mais improváveis.

Quaisquer que sejam os métodos que você use para melhorar sua vida, o principal é lembrar que esses esforços o fortalecerão e lhe darão o poder de se libertar de suas limitações cármicas, elevar-se aos mundos superiores e construir a vida que deseja.

Quando sonhamos, e em particular quando sonhamos grande, há um fosso entre a realidade do que temos e nossos objetivos. O segredo é encontrar meios de transpor essa distância.

A prática espiritual foi a minha ponte. Trabalho árduo, tenacidade e força espiritual me ajudaram a realizar os meus sonhos. Antes de aprender a recitar, eu já tinha disciplina e tenacidade, só me faltava a força espiritual.

Descobri que, à medida que minha força espiritual aumentava, minha tenacidade, também, o que impulsionava ainda mais meu sucesso. Para alcançar a realização pessoal, em todas as áreas da minha vida, comecei destrancando a porta da minha sabedoria, da minha natureza de Buda. Os três pilares do budismo — a fé, a prática e o estudo — mudaram tudo para melhor.

Quando algumas pessoas ouvem a palavra *fé*, elas se retraem, porque pensam em regras e obrigações impostas por meios externos. Ou a associam a uma negação da realidade. Para mim, a fé é uma consciência do seu verdadeiro eu, a compreensão de que o brio infinito do Universo e a essência da sua vida são o mesmo. Você pode estar altamente preso à realidade e ainda assim reconhecer o potencial que existe dentro de si para a plenitude.

Para mim, fé é valorizar e desenvolver o potencial da preciosidade da nossa própria vida.

Nesse sentido, desejo que todos tenham fé.

Isso significa que espero que todos façam o que eu faço? De forma alguma. Só quero que você seja feliz — verdadeiramente feliz.

Lendo as mensagens que recebo de todo o mundo, vejo que muitas pessoas estão buscando novos instrumentos espirituais para abrir seus corações e para revelar sua felicidade interior, sua natureza de Buda. Espero que o que compartilho aqui faça exatamente isso.

Se eu conseguir ajudá-lo a encontrar uma maneira mais expansiva de ver o mundo ao seu redor, ou motivá-lo a realizar o seu potencial, ou de qualquer outra forma ajudá-lo a se tornar uma pessoa mais feliz, então atingi o meu objetivo.

No entanto, é você que viaja para seus mundos superiores — independentemente de escolher o mesmo caminho que eu ou outro. Torço por você com todo o meu coração.

Capítulo Quatro

DEFENDA A SUA VIDA

O ano era 1255. O pico nevado do Monte Fuji repousava pacífico a distância, com vista para Kamakura, então maior cidade do Japão e sede do governo militar xogum.

Os pinheiros deixavam cair um tapete de agulhas, que o vento juntava em um enclave exuberante, chamado pelos locais de "Vale da Agulha do Pinheiro". Lá, em uma cabana modesta, Nitiren pegou seu pincel para escrever um ensaio breve, mas profundo, intitulado "Atingir o Estado de Buda Nesta Existência".

É assim que imagino o momento em que Nitiren criou um dos meus escritos favoritos sobre espiritualidade.

"Quando uma pessoa é dominada pela ilusão, é chamada de mortal comum; mas, quando iluminada, é chamada de buda. Tal situação se assemelha a um espelho embaçado que brilhará como uma joia quando for polido", escreveu. E continuou, dizendo que recitar *Nam-myoho-renge-kyo* é a prática mais poderosa para polir o espelho da nossa vida.

Os espelhos do Japão do século XIII eram feitos de metais lustrosos que manchavam a menos que fossem polidos regularmente, daí a analogia. Podemos pensar nisso em termos modernos como um espelho coberto de poeira ou fuligem, que devemos limpar para que a imagem fique nítida.

Ao se ver em detalhes, você é capaz de mudar qualquer coisa.

Sempre considerei recitar daimoku e polir o espelho da minha vida como algo "místico". Nos álbuns ecumênicos do Beyond Music que gravei, referimo-nos ao *Nam-myoho-renge-kyo* como a Lei Mística. E, como mencionei, é o que *myoho* significa.

Essa "lei" se refere à lei de causa e efeito. Em outras palavras, a Lei Mística é uma lei natural, como a da gravidade. Como sabemos, você não precisa acreditar na lei da gravidade para que ela aja e o influencie, assim como não precisa acreditar na lei de causa e efeito para que ela faça o mesmo com a sua vida.

Quanto aos aspectos "místicos", acredito que devemos experimentar recitar a Lei Mística para entender seu significado mais profundo. Percebi que tentar explicar os aspectos místicos do *Nam-myoho-renge-kyo* para quem nunca o entoou é como descrever o sabor de um morango para quem nunca o comeu.

Mas acredito que todos podem se beneficiar ao compreender os poderosos efeitos do daimoku. Então, vamos ver como ele lustra o espelho da sua vida.

Vou começar falando um pouco sobre a mente humana.

Mesmo antes de me interessar pela filosofia budista, eu já era fascinada pelo poder do subconsciente. Em psicanálise, acredito que o termo seja *inconsciente*. Mas, sempre que ouço a palavra *inconsciente*, não consigo deixar de pensar em alguém que desmaiou depois de uma festa louca. Portanto, prefiro usar o termo *subconsciente*.

Muito do que descobri na ciência moderna sobre o subconsciente respalda as antigas teorias budistas sobre o assunto. Essas epifanias são atemporais e ajudam a explicar como a prática do daimoku atenua o nosso carma.

Por muitos anos, eu me interessei por teorias sobre a forma como o subconsciente afeta nosso comportamento diário e nossa percepção do mundo. Ao estudar o budismo, descobri um conceito paralelo sobre camadas de percepção chamado "os nove níveis de consciência". (Em textos budistas antigos, o termo que significa "consciência" também significa "percepção".)

Nossos cinco sentidos são visão, audição, olfato, paladar e tato. Cada um deles equivale a um nível de consciência. Vou ilustrar acompanhando você por mais um dia da minha vida, meu show de despedida em Londres, em 3 de maio de 2009.

Cheia de gratidão pelo apoio que o Reino Unido sempre deu à minha carreira, estou no palco, pronta para ensaiar para o show mais tarde. Olho para os assentos vagos (visão). Inalo o ar de forma profunda e focada (olfato). Tomo um gole do meu chá de ervas favorito (paladar) e desfruto do calor relaxante em minha garganta (tato).

Quando coloco a xícara na mesa, sinto o leve cheiro do incenso de sândalo queimando nos bastidores (olfato). Aceno para o meu guitarrista, que começa a tocar a introdução de "Proud Mary" (audição).

Conforme bato meu salto alto reforçado com aço no chão vibrante do palco (tato) e começamos a tocar, faço os aquecimentos e os passos com as minhas dançarinas (tato). Por fim, olho para a arena de novo e visualizo uma casa lotada, imaginando que estou envolvida na energia alegre do público e devolvendo-a a ele.

Meu sexto nível de consciência é o que integra esses cinco sentidos em informações coerentes. Neste exemplo, ele é o que me permite distinguir entre uma arena vazia e a minha visualização vívida de uma lotada, da mesma forma que você sabe a diferença entre uma imagem de comida no cardápio e a própria comida.

O sétimo nível de consciência é a "mente pensante" e o reino do ego, associado ao apego ao nosso Eu Menor e às condições de vida dos mundos inferiores.

Na manhã do meu ensaio em Londres, vi boatos desagradáveis sobre mim nos tabloides. Após meus anos recitando daimoku e estudando os princípios budistas, consigo não me afetar, mas, por alguma razão, tive que trabalhar muito para limpar minha mente antes do ensaio para estar na minha melhor forma.

Preocupar-nos com o que os outros pensam de nós é um exemplo de apego ao nosso Eu Menor. No meu caso, preocupar-me com a opinião de alguém sobre mim puxou temporariamente minha condição de vida para baixo.

O sétimo nível de consciência é também o nível em que nossa mente imagina, faz planos e determina a diferença entre o certo e o errado. Imaginar-me enviando amor a um grande público é uma atividade do sétimo nível de consciência.

Foi este sétimo nível o que o filósofo francês René Descartes considerou como prova da existência quando declarou: "Penso, logo existo."

Durante a maior parte de nossas vidas despertas, operamos nesses sete níveis, absorvendo dados sensoriais dos cinco primeiros, processando-os automaticamente com o sexto nível e, então, refletindo sobre tudo com o sétimo.

O oitavo nível de consciência é chamado de *alaya*, no qual a energia do nosso carma se acumula. Em sânscrito, *alaya* significa "armazém". Pense nas montanhas do Himalaia — *hima* significa "neve", e, portanto, *Himalaia* é "o depósito da neve".

Esse nível de consciência recebe os resultados de todos os nossos pensamentos, palavras e ações — nosso carma. Portanto, é muito importante e é a maior influência no nosso destino.

Depois que entendi, abracei a ideia de que tudo o que experimento na vida é o resultado cármico de todos os meus pensamentos, palavras e ações — dos mais baixos aos mais elevados.

O budismo ensina que tudo o que experimentamos na vida, não importa quão módico seja, está impresso nesse oitavo nível de consciência. Embora não sejamos capazes de relembrar tudo

A necessidade de mudança escavou
uma estrada para o centro da minha mente.
— **MAYA ANGELOU**

•

Antes de tudo, seja o herói da sua vida,
não a vítima.
— **NORA EPHRON**

•

Se não gosta da estrada que está percorrendo,
comece a pavimentar outra.
— **DOLLY PARTON**

com a mente pensante, quando o estímulo externo correto aparece, é possível que uma memória ressurja.

O oitavo nível de consciência também é o nível que o psicólogo suíço Carl Jung chamou de "inconsciente coletivo", ou consciência compartilhada. Todos os seres humanos compartilham um reservatório inato de experiência comum, que remonta ao início da existência. Esta é a influência mística que Jung chamou de memória coletiva (semelhante ao que os budistas entendem como "carma coletivo"). Ele se manifesta como nossos instintos e outros aspectos tácitos da nossa consciência. Essa teoria de Jung, de que as pessoas estão intimamente conectadas com seu passado e com o passado mais amplo de toda a humanidade, alinha-se com o conceito budista do oitavo nível de consciência.

Então, na parte mais profunda, temos o nono nível, a consciência *amala*, que significa "puro". É o nível resplandecente da nossa natureza de Buda, nosso Eu Maior, que não se mancha por acumulações cármicas. É o sentimento transcendente que tenho quando recito daimoku, quando sinto que eu e a vida somos uma só.

Esse é também o sentimento que tenho quando canto, quando sou transportada pela energia de dar e receber amor no palco. Um dos meus momentos favoritos nos meus shows foi dançar na garra de metal que balançava sobre o público. De onde eu estava, via os rostos, olhava em seus olhos, sentia sua alegria com a música e uma forte conexão. Eu saía do palco todas as noites dominada pela memória de cor, luz, som e dos milhares de rostos sorridentes que via diante de mim.

Entrar na consciência *amala* é o segredo para transformar nosso carma. É a pura força vital que revigora todos os outros níveis de consciência.

Esse nível-raiz de nosso Estado de Buda inato e a essência iluminada do Universo — a realidade fundamental da vida — são um e o mesmo. Nitiren deu expressão a essa essência iluminada como *Nam-myoho-renge-kyo* e descreveu nossos corpos como "palácio da nona consciência".

Ao recitar *Nam-myoho-renge-kyo*, abrimos os portões desse majestoso palácio da iluminação.

Manifestar a condição de vida do Estado de Buda, aqui e agora, como você é, é defender sua vida — abrir a fonte de sabedoria, de coragem e de compaixão que há dentro da sua essência, o que lhe permitirá superar qualquer adversidade.

Gosto de imaginar as camadas da consciência como uma fonte de água. A nona consciência é reservatório profundo de água pura. Recitar é abrir um canal para fazer essa água pura correr através das suas outras camadas de consciência, para purificar e expandir sua percepção do mundo.

Acessar essa força purificadora é crucial, uma vez que a influência do carma recai menos sobre o que acontece na nossa vida e mais sobre a forma como o percebemos — como nosso "sedimento" interno obscurece nossa visão do mundo.

Esse pensamento representa uma orientação valiosa que recebi uma vez em uma reunião da SGI:

Quando estamos chateados, é fácil culpar os outros. A raiz de nossos sentimentos, entretanto, está dentro de nós. Por exemplo, imagine-se como um copo com água. Agora, imagine experiências negativas passadas como sedimentos no fundo desse copo. Em seguida, pense em uma situação ou pessoa desagradável como uma colher. Quando a colher se mexe, o sedimento turva a água. Pode parecer que a colher fez a água turvar — mas, sem sedimentos, a água teria permanecido límpida. Mesmo se removermos a colher, o sedimento permanece — esperando a próxima colher aparecer. Por outro lado, se removermos o sedimento, não importa o que aconteça, não importa o quanto uma colher mexa, a água permanecerá límpida.

Sempre que me lembro dessa analogia simples, fico aliviada, porque vejo que tenho controle sobre as condições da minha vida, o que direciona todo pensamento que vem à minha consciência, bem como minhas respostas a qualquer negatividade que possa surgir. Sei que posso remover qualquer sedimento do "copo com água da minha vida", por assim dizer, acessando meu Estado de Buda.

Dessa perspectiva, é fácil ver o valor de se conectar ao seu nível mais profundo de consciência, a fonte de água pura da sua alma. Ao fazer isso, você acelera a transformação do seu destino, aumentando o fluxo de sabedoria e diminuindo novas ações que possam poluir a sua água.

Essa visão otimista e fortalecedora lembra-nos de que tanto o carma positivo quanto o negativo existem em nossa consciência profunda. Lembre-se de que a bondade abundante e todas as causas positivas que criamos (em pensamento, palavra e ação) também estão registradas no nosso depósito cármico. Criar essa consciência se torna uma grande inspiração para criar mais carma bom a cada dia, em tudo o que fizermos.

Quer você acredite que seus níveis mais profundos de consciência abrangem apenas esta vida, quer acredite que englobam outras, tenho certeza de que já lhe ocorreu um pensamento inesperado, um palpite ou um sentimento sem explicação. Comigo, sem dúvida. Às vezes, o palpite responde um dilema que você está enfrentando ou diz que escolha fazer. Se você é como eu, provavelmente já pensou: *De onde veio isso?*

Esses lampejos de intuição, ou instinto, surgem do nosso oitavo nível de consciência.

Conheci essa orientação interior na infância. Correndo pelos bosques de Nutbush, sempre que pressentia o perigo, como na primeira vez que me deparei com uma cobra na grama, uma consciência profunda me dizia para correr rápido e para longe. Ninguém me ensinou isso — eu era movida pelo instinto.

Eu ficava maravilhada com a incrível engenhosidade dos animais no campo. Vi pássaros jovens que nunca construíram um ninho ouvir seus instintos — a sabedoria coletiva da Mãe Natureza — para resolver desafios que nunca enfrentaram. O que percebo agora é que os animais resolvem problemas ouvindo sua sabedoria inerente, a percepção que surge do oitavo nível. Eles se permitem sentir a energia fluindo ao redor.

Isso é o que tento fazer na minha vida, e ouvir minha voz interior me serve bem. Duas das minhas dançarinas, as gêmeas Karen e Sharon Owens, disseram-me mais de uma vez que parece que eu sinto as coisas que acontecem atrás de mim no palco durante os shows. Elas perceberam que me viro exatamente quando alguém erra um passo ou quando um músico se perde. "Como você sabe?", perguntavam.

Honestamente, não sei dizer, mas, quando percebo que algo está fora de sincronia no meu palco, danço com um sorriso e envio um pouco de amor para minha equipe, para manter todos se sentindo fortes e focados. As gêmeas diziam que eu devia ter olhos na nuca, e ríamos disso. Na verdade, eu estava apenas ouvindo minha voz interior e me sintonizando à energia ao meu redor. Acho que todos podemos fazer isso se nos concentrarmos em nos sintonizarmos.

De onde vem essa "sintonia"?

Sabemos que o DNA transmite características físicas de geração para geração. Acredito que a ciência acabará por provar que nossos atributos intangíveis também são transmitidos de geração para geração — que os aspectos espirituais do nosso carma são mantidos no que considero nosso DNA espiritual.

Um pássaro é um pássaro por causa do seu DNA físico, mas a capacidade de um pássaro de realizar tarefas que nunca lhe foram ensinadas está no seu DNA espiritual. Isso faz parte da energia invisível maior e da sabedoria que flui por tudo na vida.

Acredito que todos nós compartilhamos a mesma sabedoria interior que encontramos na Mãe Natureza. É a voz da sabedoria de Buda, ou da consciência crística, dentro de nós.

É simplesmente uma questão de cortar o ruído do nosso ego para que possamos receber essas mensagens. Quando conseguimos ver além das distrações e perceber de fato as nossas mentes, nossa sabedoria interior nos guia para tomarmos as melhores atitudes, na situação que for.

Quando você se vê com nitidez, o caminho também fica evidente, e você conquista o poder de mudar tudo o que estiver no caminho do seu sucesso, da sua saúde e da sua felicidade.

No entanto, as funções da mente são verdadeiramente misteriosas, e é difícil determinar onde o "eu pensante" reside. É comum a sensação de que os pensamentos vêm do nada, mas eles criam a realidade do mundo em que vivemos.

Tudo o que a humanidade já criou começou com um pensamento.

Nossos pensamentos conduzem as nossas palavras e as nossas ações, o que cria o nosso carma. Marco Aurélio, o imperador e filósofo romano, referiu-se a isso quando disse: "A felicidade da sua vida depende da qualidade dos seus pensamentos."

É por isso que busco infundir alegria e humor nos meus pensamentos e, então, nas minhas palavras, para ajudar a iluminar o meu dia. Meus amigos dizem que, mesmo quando falo sobre algumas coisas dolorosas que aconteceram no meu passado, faço isso com humor.

Você sabe o que dizem sobre a comédia, certo? É uma tragédia, mas com o que veio depois.

Estou feliz por ter chegado a um ponto no qual posso rir da minha vida e de mim mesma; isso ilumina meus pensamentos. É importante, porque nossos pensamentos e a maneira como pensamos direcionam todas as áreas da nossa vida.

Quando foi a última vez que você considerou a forma como os seus pensamentos surgem?

Quando tive um derrame, no final de 2013, lembrei-me nitidamente da importância das funções cerebrais e da maneira como geramos pensamentos. Enquanto minha incrível equipe médica trabalhava na minha recuperação, também comecei a trabalhar para ajudar a me curar. Eu queria entender as funções do cérebro para visualizar meu caminho de volta à totalidade.

Eis o que descobri:

A ciência diz que existe um nível de comunicação acontecendo entre os neurônios em nosso cérebro. Os neurônios são células nervosas vivas e especializadas que transmitem informações em nosso corpo e facilitam nossa capacidade de pensar. Aliás, os neurônios fazem com que você absorva as informações que estou compartilhando agora.

Os neurônios se comunicam por meio de impulsos elétricos rápidos, que criam ondas cerebrais. Há sensores que as detectam, que revelam um espectro contínuo de consciência que varia de ondas de vibração lenta, com baixa frequência, a ondas de vibração rápida, com alta frequência. Quando estamos em sono profundo, o cérebro produz ondas com uma frequência muito baixa e, quando pensamos ativamente, produz ondas com uma frequência muito mais alta. Essas ondas cerebrais são medidas em hertz (Hz) — uma unidade de frequência igual a um ciclo por segundo. No sono, as faixas mais baixas estão abaixo de 4Hz, e, no pensamento altamente concentrado, as mais altas estão em 40Hz ou até mais.

O cérebro é realmente uma máquina orgânica incrível!

Estudos têm mostrado que o daimoku ritmado leva nossas ondas cerebrais a uma frequência vibracional entre 7Hz e 8Hz. Essa é a frequência típica de quando criamos, fazemos música e arte, e outras atividades relaxantes e criativas.

Acho interessante que a vibração das ondas cerebrais enquanto recitamos também corresponde ao que é conhecido como frequência fundamental da Terra: 7,83Hz. Isso é chamado de ressonância de Schumann, em homenagem ao físico Winfried Schumann, que a descobriu. Talvez essas semelhanças sejam apenas "coincidência". Mas, já que não acredito nisso, espero que algum dia descubramos um grande significado por trás desse alinhamento vibracional.

Nesse ínterim, já fico encantada por haver evidências científicas dos benefícios físicos e mentais do daimoku. Milhares de anos atrás, os budistas começaram a usá-lo como ferramenta para atenuar uma variedade de psicopatologias. Hoje, na psiquiatria moderna, os clínicos cada vez mais reconhecem os efeitos positivos do daimoku sobre os desafios da saúde mental, incluindo problemas de autoestima, de reabilitação de vícios e de recuperação do transtorno de estresse pós-traumático.

Depois de experimentar os benefícios dessa prática por quase cinco décadas, acredito que chegará um momento em que o budismo será visto como a ciência do espírito e considerado um bom remédio para a mente e para o corpo.

Na última década, ao enfrentar tantos contratempos de saúde — primeiro o derrame, depois o câncer de intestino, a insuficiência renal e muito mais —, o efeito cumulativo de muitos anos de prática espiritual foi inestimável. Não me abalei, pelo menos não por muito tempo, com nenhum desses problemas. Reuni toda a minha resiliência. E sei que a minha capacidade de atravessar todo o processo até a cura veio do meu treinamento espiritual.

Ao longo de muitas visitas a hospitais e de várias cirurgias, mantive esta mensagem fortalecedora de Nitiren em mente:

> *O Nam-myoho-renge-kyo é como o rugido de um leão.*
> *Que doença pode, portanto, ser um obstáculo?*

Lembrando-me desse chamado à coragem, convoquei meu leão interior e rugi.

Eu rugi e rugi, e continuei rugindo até superar todos os desafios de saúde, assim como havia superado todos os anteriores.

Os desafios que enfrentamos na vida podem vir de fora de nós mesmos, mas também podem vir de dentro.

Sei por experiência própria que às vezes há vozes negativas, muito perigosas, na nossa mente. Essas vozes podem dizer que você é muito velho, muito jovem, muito gay, muito hétero, muito magro, muito gordo, muito isso, muito aquilo. As vozes podem dizer que é tarde demais para seus sonhos ou que ninguém o amará. Elas podem lhe contar todo tipo de mentira para mantê-lo preso em ciclos doentios de dúvidas sobre si mesmo.

Talvez você tenha permitido que suas vozes negativas minassem sua autoestima, atrapalhassem seu trabalho ou o mantivessem preso a relacionamentos nocivos. Em caso afirmativo, é hora de lhes dizer que você já sacou qual é a delas e que não

Não é a carga que o destrói,
é a maneira como você a carrega.
— LENA HORNE

•

As dificuldades não são necessariamente ruins.
O veredito vem da sua atitude.
Você pode deixar que as dificuldades o derrotem
ou pode usá-las para se fortalecer.
— INDIRA GANDHI

•

Passei por um vale de nãos até chegar a um sim.
— B. SMITH

as tolerará. Dispense-as, e você será o único segurando a caneta para escrever a história da sua vida.

Sei muito bem como retirar o poder dessas vozes negativas.

Quando eu era criança, o som das brigas dos meus pais ficou gravado na minha mente. Ele foi substituído pelo abuso emocional do meu primeiro casamento. Muitas vezes na minha vida, as vozes negativas reverberaram na minha cabeça. Eu me rendi a elas quando tentei me matar, nos meus momentos mais sombrios. Mas ter sobrevivido me fez perceber que eu tinha um propósito — uma missão.

Decidi defender a minha vida e o meu futuro.

Defendê-los significava que eu tinha que parar e me encontrar dentro de mim. A luta mais verdadeira pelo meu futuro teve que começar dentro da minha própria mente.

Explorei meu subconsciente e entrei no meu Estado de Buda. Inundei todos os níveis da minha consciência com a água pura das minhas orações e, por meio da minha prática espiritual, lenta, mas convicta, acalmei as vozes negativas até silenciá-las.

Depois que conheci os nove níveis de consciência, passei a ver essas vozes negativas como resíduo cármico — aquele sedimento de que falei —, subindo do oitavo nível para atormentar a minha mente.

Outra maneira de silenciar essas vozes é pensar nelas como fantasmas de experiências passadas que aparecem no presente. Talvez você ouça vozes negativas ecoando em sua cabeça que são resquícios de experiências passadas. Acho que todo mundo lida com vozes fantasmas em algum momento.

Extirpe-as de uma vez por todas.

É irrelevante saber a origem exata dessas mensagens mentais negativas. O que importa é se livrar delas. Quando você permite que permaneçam, o diálogo interno tóxico se intensifica, o que cria medo — medo internalizado — e sabota sua tomada de decisão.

Quando você toma decisões com base no medo, consciente ou inconscientemente, acaba atraindo exatamente o que queria evitar. É por isso que é crucial controlar sua mente e conseguir fazer com que suas decisões partam não de seu medo, mas de um lugar de autenticidade, alicerçado na sua felicidade.

Espero que você nunca mais ouça nenhuma voz negativa na sua cabeça.

No entanto, se lhe ocorrerem, eis meu conselho simples para exorcizá-las: pare de acreditar nelas. Silencie as vozes de fantasmas e a negatividade que elas espalham, rejeitando suas histórias venenosas. Veja-as como realmente são — resquícios do passado, algo que não existe mais. Elas são ilusões e delírios.

Se cair na armadilha de acreditar nelas, você se apegará ao passado. A negatividade interna está enraizada nele. E apegar-se a ele só serve para atrapalhar o seu futuro.

Boas lembranças de bons momentos que você teve com seus entes queridos, suas realizações passadas, memórias vitoriosas de superação de adversidades, músicas e filmes favoritos — estes são exemplos de coisas positivas que podem agregar valor ao presente. Mas isso não é o mesmo que se apegar ou reviver o passado, o que é muito prejudicial à saúde, em particular se você reciclar experiências desagradáveis.

De uma coisa, tenho certeza: devemos aprender as lições de todas as experiências desagradáveis que tivermos. Se não o fizermos, elas continuarão a ter poder sobre nós e nos sentiremos compelidos a repeti-las.

Apegar-se ao passado também causa uma percepção imprecisa do presente, o que gera sofrimento. Perceber a nós mesmos, aos outros e ao mundo que ocupamos nitidamente, como realmente somos, é o único caminho para a felicidade. E essa percepção nítida é sempre baseada no presente.

A percepção é poderosa, e o modo como nos vemos se relaciona ao modo como os outros nos veem. Experimentei isso em primeira mão. Desde meus 20 anos, pessoas próximas diziam que sou uma mulher inteligente, talentosa, forte e bonita. Eu ficava feliz, mas, particularmente, nunca me senti bonita.

A maioria das crianças tem vergonha da sua própria aparência e começa a notar a aparência das outras pessoas com mais intensidade à medida que cresce, em particular na adolescência. Este foi, definitivamente, o meu caso.

Nunca achei que me encaixasse no molde da "garota bonita". Eu era magra — a meus olhos, magra demais para ser bonita. Na época, ter curvas era o padrão, e eu não era assim.

Quando jogava basquete no colegial, antes de jogos importantes, eu passava as noites na casa da minha amiga Carolyn. Às vezes, quando me esquecia de levar uma muda de roupa, pegava dela emprestada. Os jeans dela faziam minhas pernas

Saia dessa história que o prende.
Entre na nova história
que você deseja criar.
— OPRAH WINFREY

•

Nada fará sua vida funcionar
se o arquiteto dela não for você.
— TERRY MCMILLAN, *SEM VESTÍGIOS*

•

Escolho fazer do resto da minha vida
a melhor parte dela.
— LOUISE HAY

parecerem maiores, e isso me deixava muito feliz. *Um dia*, jurei a ela e a mim mesma, *terei cabelos compridos, quadris largos e pernas que todos acharão lindas.*

É engraçado olhar para trás agora, porque, mesmo que meu desejo tenha se tornado realidade, e mesmo que eu tenha me tornado quase tão famosa pelas minhas pernas quanto pelo meu talento, eu ainda não conseguia ver a minha própria beleza.

Quando fiquei famosa, passava muito tempo me preparando para os shows, certificando-me de que todos os fios de cabelo estavam no lugar e de que minha roupa estava perfeita. No entanto, quando me olhava no espelho, ainda ouvia vozes dizendo que eu nunca ficaria tão bem quanto esperava.

Na minha infância e adolescência, meus pais raramente expressavam elogios ou afeto por mim. Olhando para trás, vejo que eles estavam tão ocupados detestando um ao outro e a si mesmos, que não tinham amor suficiente para compartilhar com mais ninguém. Nas famosas palavras de RuPaul: "Se você não consegue se amar, como diabos vai amar outra pessoa?"

Amém.

Na época, porém, eu achava que havia algo de errado comigo, que talvez eu não fosse digna de amor. Não me lembro de ter ouvido que eu era linda quando criança. Lembro-me de ver minha mãe cuidar com delicadeza dos cabelos da minha irmã enquanto eu esperava pacientemente a minha vez. No meu coração, eu desejava em segredo que ela acariciasse meu rosto e penteasse meus cabelos da maneira carinhosa que fazia com a minha irmã, mas sempre ficava frustrada. Sua rispidez ao pentear meus cabelos dizia o que ela sentia por mim, ou melhor, o que não sentia.

Quando uma criança que não se sentiu amada cresce, ela se sente indesejada e pouco atraente.

Apesar de ter me esforçado ao máximo para superar as disfunções da infância, é óbvio que elas se infiltraram na minha consciência. Tentei me afastar da negatividade daquele período, mas as vozes fantasmas permaneceram comigo. Ao longo dos meus 20 e dos meus 30 e poucos anos, essas vozes me contaram muitas mentiras.

Alguns críticos na mídia diziam coisas sobre mim que talvez achassem que era elogio, mas que eu entendia como uma ratificação de que eu não era atraente. Adjetivos como "atrevida", "selvagem" e "ousada" reforçavam o que as vozes negativas na minha cabeça diziam: *Tina, você não é bonita.*

Nada do que eu fazia parecia mudar esse padrão, e o fato de estar em um ambiente abusivo só piorava. Mesmo depois de me reerguer e me libertar, eu ainda não conseguia ver a minha beleza. E, quando digo beleza, também quero dizer valor.

Então, depois de vários anos recitando daimoku, tive uma epifania. Percebi que havia internalizado toda aquela negatividade do passado, desde a infância, e ainda a carregava por aí, o que derrubava minha condição de vida.

Isso parece óbvio agora, avaliando a minha (bem pública) vida, mas na época foi uma revelação estarrecedora.

Naquele momento, me comprometi comigo a parar de acreditar na velha negatividade e a substituir os pensamentos prejudiciais por outros saudáveis. Se um pensamento negativo surgisse, eu repetiria um pensamento positivo oito vezes seguidas para neutralizá-lo. Logo comecei a me amar, com imperfeições e tudo. Parei de me comparar com os outros (nunca faça isso) e, por fim, comecei a me apreciar.

Os padrões de beleza dos outros deixaram de me afetar — a única coisa que importava era como eu me sentia em relação a mim. Eu ainda achava que tinha uma forma masculina, com pernas muito fortes. Mas finalmente comecei a amar de verdade minha forma, minhas pernas, e isso transpareceu.

Após essa transformação de consciência, fui convidada para me apresentar em um evento de alto nível, pouco antes do lançamento do meu álbum *Private Dancer*. Fiz meu cabelo e minha maquiagem, e montei meu figurino com o que tinha no armário, algo que eu me sentiria confortável usando, em vez do que eu achava que impressionaria os outros.

Os comentários da imprensa naquela noite vieram cheios de adjetivos que nunca tinham sido usados para me descrever. Eram as mesmas palavras positivas que disse a mim mesma quando me olhei no espelho, palavras que gostaria de ter ouvido da minha mãe: "linda", "magnética" e "radiante".

As profundas mudanças na minha consciência e na minha percepção não só causaram uma transformação em mim, mas também afetaram as pessoas ao meu redor. Elas passaram a me ver de modo diferente porque eu estava diferente. Eu irradiava autoaceitação e autoconfiança.

Substituir delírios por objetividade e mensagens negativas por positivas é a maneira de nos libertarmos do sofrimento.

Se há alguma parte de você que não está valorizando, amando e honrando, espero que use qualquer influência positiva a seu alcance — mantras, meditação, ioga, exercícios, afirmações, psicoterapia — para limpar sua mente da negatividade, do passado e do presente, e para transformar esses venenos em algo de valor (falo mais sobre isso no Capítulo Cinco).

Mesmo quando conseguimos silenciar as fontes internas de negatividade, ainda a enfrentamos de fontes externas, como o flagelo da discriminação.

Quando eu era jovem, não se esperava muito das mulheres, muito menos de uma "mulher de cor", como eu. O racismo era legalizado no meu primeiro quarto de século de vida. A lei pode ter mudado, mas as pessoas não evoluem no mesmo ritmo.

Sempre fui boa com crianças, por isso minha mãe, e até eu, achava que a melhor carreira que eu poderia almejar seria a de professora ou a de enfermeira pediátrica, de preferência, porque pagava melhor. Fui auxiliar de enfermagem e aprendi muito com a experiência. Mas, no fundo do meu coração, sempre senti que algum dia eu ensinaria.

Por fim, com este livro, que vejo como uma forma de ensino, realizo esse sonho de longa data — aqui, nos meus 80 anos. Espero que esse fato por si só o inspire a nunca desistir dos seus sonhos.

Quando eu estava viajando pelos Estados Unidos com a Ike and Tina Turner Revue, no início dos anos 1960, havia hotéis para brancos e hotéis para negros. E, acredite ou não, às vezes nem os hotéis para negros nos deixavam entrar, porque os artistas eram desprezados por alguns proprietários desses hotéis.

Quem entre nós nunca sucumbiu à negatividade,
não se olhou no espelho
e se sentiu carente em algum momento?
— **MARCIA ANN GILLESPIE**

•

O tipo de beleza que mais desejo
é o tipo difícil de obter, pois vem de dentro:
força, coragem, dignidade.
— **RUBY DEE**

•

Nem tudo que se enfrenta pode
ser modificado, mas nada pode ser modificado
até que seja enfrentado.
— **JAMES BALDWIN**

Assim, conheci a discriminação até mesmo dentro da comunidade negra.

Racismo e classismo foram só o começo das minhas experiências com o preconceito. Mais tarde, também enfrentei o preconceito de idade e o sexismo. Quando eu estava com 42 anos, queria reiniciar minha carreira. Como mãe solteira negra, hospedada na casa de amigos, sem dinheiro após o divórcio, tive que quebrar várias barreiras para alcançar meus objetivos profissionais, e às vezes elas pareciam intransponíveis.

O *show business*, apesar da fama de liberal, era bastante repressor quando comecei minha carreira solo. Eu me deparei com grandes preconceitos, com alguns executivos dizendo que eu era muito velha (com apenas 42 anos!). E que eu, mulher e negra, não me encaixava em suas noções preconcebidas de estrela do rock 'n' roll.

Mas não deixei nada disso me derrubar e continuei a defender a minha vida. Perseverei com paciência, compaixão e determinação. Compreendi que não estava apenas mudando meu próprio carma, mas, à luz do oitavo e do nono níveis de consciência, também estava ajudando a mudar o carma coletivo da sociedade e de toda a nossa família, que é a humanidade.

Meu desejo é que, de alguma forma, minha história pessoal, quebrando barreiras, tenha se infiltrado no mundo e ajudado outras pessoas — incluindo você — a atingirem a plenitude e a percepção da sua maravilhosa consciência de Buda.

Depois de quase meio século explorando os níveis mais profundos da consciência por meio da prática espiritual, sinceramente acredito que você pode mudar qualquer coisa para sempre, entrelaçando a consciência inerente da sua natureza ao tecido do seu cotidiano.

Independentemente de você estar conhecendo agora a filosofia budista, de ser um praticante de daimoku de longa data ou mesmo de nunca mais querer ouvir uma palavra sobre daimoku após ler este livro, guarde este sentimento com você — minha interpretação da pura nona consciência do Estado de Buda:

Acredito que cada um de nós guarda dentro de si o que chamo de "moeda de Deus", um pedaço da energia eterna do Universo, a essência da natureza de Buda. Uma moeda é uma peça cunhada que tem valor no sistema maior ao qual pertence, e cada ser vivo é um tesouro inestimável, moldado a partir do nosso Universo maior. Que cada um de nós valorize a si mesmo e estenda essa bondade a todos os seres vivos com quem compartilhamos este planeta abençoado.

Capítulo Cinco

Transformando Veneno em Remédio

Gemas de vários tamanhos e cores reluziam no calor do meio-dia, balançando-se graciosamente em hastes de ouro e prata a perder de vista. Passei por esse campo de tesouros surreais, colhendo joias e enchendo o saco de estopa no meu ombro com minha coleção cintilante. *Melhor levantar agora, antes que fique pesado demais para carregar*, pensei, enquanto uma voz me trazia de volta à realidade.

"Anna Mae, você aguenta mais peso do que isso", disse um administrador de terras.

Sonhando acordada de novo, eu me transportei para um lugar maravilhoso, enquanto na vida real estava labutando em um campo de algodão ao lado dos meus colegas da escola primária.

Minhas férias de verão eram minha época favorita. Mas, por ser uma criança negra, elas eram muito mais curtas do que as dos alunos brancos. Na época, todas as crianças negras iam para "escolas de cor" e esperava-se que ajudássemos os adultos nos campos na temporada de colheita de algodão. Nossas férias terminavam em julho. Assim, quando as aulas voltavam, ficávamos liberados da colheita de meados de setembro até novembro.

Embora minhas férias de verão fossem curtas, eram uma época bem-vinda, porque eu podia ficar ao ar livre.

Um dos meus passatempos favoritos era procurar trevos-de--quatro-folhas. Sempre que encontrava um, limpava e engolia. Eu achava que a minha sorte aumentaria se os comesse. Eu não percebia que a minha sorte — o meu destino — já estava dentro de mim.

Com tudo o que vivi da infância à adolescência, até a minha mudança para St. Louis, e depois na vida adulta, tornar-me "Tina Turner", dar à luz meus lindos filhos e criá-los, e atingir o estrelato, percebi que cada vida tem a sua cota de problemas.

Nunca vi ninguém que não tivesse pelo menos algum tipo de problema. Se nos pegamos sem problemas, é só questão de tempo até algo aparecer.

É assim que a vida funciona!

Não se preocupe se acha que é o único enfrentando desafios.

Se as pessoas ao seu redor parecem não ter problemas, isso significa apenas que você não as conhece o suficiente para ter acesso a eles ou que elas são muito boas em escondê-los. Os problemas são inexoráveis para todos os seres vivos. Como Nitiren disse: "Ninguém pode evitar os problemas, nem os sábios."

Descobri que viver uma vida feliz não se baseia em tentar evitar o inevitável. A alegria vem da evocação de uma grande força vital para superar os problemas, das irritações cotidianas até as maiores tragédias.

Você pode ter nascido com um entusiasmo natural para enfrentar os seus problemas. Eu, com certeza, não.

Embora não tenha fugido dos meus problemas, também não via razão para enfrentá-los. Quaisquer que fossem as dificuldades que surgissem, meu lema era simplesmente: "Eu vou seguir em frente." De alguma forma, encontrei forças para continuar, mas não enfrentava o que me detinha.

Só depois que encarei obstáculos que ameaçaram a minha vida e voltei minha atenção para dentro, descobri o conceito budista revolucionário de *transformar veneno em remédio*.

Esse conceito tomou conta dos meus pensamentos enquanto eu estava no palco no histórico Aldwych Theatre de Londres, em abril de 2018, olhando para os assentos de veludo vermelho e para as lindas paredes revestidas com adornos dourados.

Era a noite de estreia de *Tina: The Tina Turner Musical*, e eu queria ter um momento de silêncio no salão antes de nossos convidados tomarem seus lugares para o show. Olhando pelos olhos daquela menininha dos campos de algodão que sonhava em um dia estar rodeada de graça e beleza, senti orgulho dela, de mim, por nunca ter desistido dos nossos sonhos.

Ainda fico arrepiada ao pensar na cena de abertura do musical, que me retrata como uma criança no campo, e os muitos venenos que tive que transmutar na minha jornada do passa-

A recompensa não é tão valiosa
se não houve luta.
— **WILMA RUDOLPH**

•

Existem duas regras na vida.
Número um: nunca desista.
Número dois: nunca se esqueça da número um.
— **DUKE ELLINGTON**

•

O que realmente importa não é se temos ou não problemas,
mas a forma como os enfrentamos.
— **ROSA PARKS**

do até onde estou agora. Senti o mesmo arrepio naquela noite, quando me juntei ao elenco para a chamada ao palco e olhei para os rostos cheios de alegria, sorrisos e lágrimas na plateia.

Se de alguma forma a minha vida o inspira, espero que se lembre de que também é capaz de transformar veneno em remédio.

Vejamos o que exatamente essa ideia significa.

Essa frase se originou com um sábio chamado Nagarjuna, um estudioso budista que viveu na Índia por volta do ano 200 d.C. Ele comparou a sabedoria do Sutra do Lótus à de "um grande alquimista capaz de transformar veneno em remédio".

No Japão, mil anos depois, Nitiren citou essa frase quando ensinou seus discípulos a enfrentarem problemas e a usá-los para ampliar sua sabedoria, sua coragem e sua compaixão.

Quando os problemas surgem, é comum termos sentimentos negativos e a nossa condição de vida mergulhar nos mundos inferiores, o que tende a piorar o cenário. Tenhamos ou não consciência disso, se vivemos nos mundos inferiores, até mesmo nossos melhores esforços para resolver os problemas podem ter o efeito oposto.

A pressão aumenta, velhos hábitos e sentimentos sobre problemas semelhantes vêm à tona, as vozes fantasmas na nossa cabeça nos dão maus conselhos e nosso ego tenta assumir o controle.

Você já percebeu como o ego adora problemas? É uma chance de ele dizer a você, e a todos os outros, o quanto ele está certo (ou talvez o quanto seja incompreendido). Se já permitiu que seu ego se envolvesse na resolução dos seus problemas, sabe o quanto ele pode piorar uma situação ruim.

No entanto, até meus 30 e poucos anos, era assim que eu respondia aos problemas. Tanto eles quanto minhas respostas a eles eram veneno. Quando eu não conseguia ver bem a mim mesma ou a minha vida, minha percepção distorcida comprometia minhas boas intenções ao reagir às adversidades, levando-me a ciclos de comportamento ainda mais negativos.

No entanto, quando comecei a frequentar as reuniões da SGI, na casa da minha amiga Ana Shorter, ouvi histórias de como as pessoas usavam os seus problemas para elevar as suas vidas a uma condição ainda mais feliz do que antes de eles surgirem. Elas disseram que "transformaram o veneno em remédio" e prometeram-me que eu conseguiria fazer o mesmo.

Fiquei feliz por elas, mas não conseguia imaginar como meus problemas poderiam ser produtivos. Embora eu quisesse desesperadamente acreditar que era possível transformá-los em benefícios, era difícil ver como meus infortúnios poderiam fazer qualquer coisa diferente de causar ainda mais problemas.

Entre os membros do nosso grupo que recitava daimoku, havia algumas senhoras japonesas mais velhas que emanavam uma luz serena de alegria e de compaixão. Elas viveram os horrores da Segunda Guerra, e uma era sobrevivente do bombardeio atômico de Nagasaki. Elas se mudaram para os Estados Unidos com seus maridos militares.

Após recitar daimoku com elas, nossa conversa voltou-se para os meus problemas. Kimiko, uma delas, perguntou-me: "Tina, você diz que tem muitos problemas. Quais seriam?"

Não sou um livro aberto, mas algo na condição de vida elevada daquelas mulheres fez com que eu me abrisse e os confidenciasse a elas. Não era uma reclamação, apenas um relato da minha situação.

Deixar Ike — e me divorciar dele — mostrou-se mais complicado do que eu jamais imaginara. Eu enfrentava um exército de advogados em ações judiciais contra mim por abandonar shows e contratos de gravação que eu deveria fazer com Ike. Enquanto isso, era assediada pelos capangas que ele enviava para me intimidar, cujas táticas incluíam desde atear fogo a um carro estacionado em frente à minha casa a disparar balas pelas minhas janelas.

Além disso, eu estava endividada, não tinha poupança, renda, um lugar próprio para morar (meus filhos e eu estávamos com Ana e Wayne Shorter), e era uma mulher negra na casa dos 40 anos tentando reiniciar minha carreira como artista solo de rock 'n' roll em uma indústria que valoriza homens jovens brancos. Como se não bastasse, eu precisava de um novo empresário. Ah, e também tinha problemas de saúde.

Enquanto eu encerrava meu triste monólogo, os rostos das minhas colegas se iluminaram com sorrisos. Para minha surpresa, elas pareciam impressionadas, talvez até maravilhadas.

Todas me aplaudiram com um grande entusiasmo: "Parabéns, Tina! Você é muito afortunada!"

O quê?

Parecia que tinham dito: "Parabéns."

Por um momento, achei que elas não tinham entendido nada do que eu acabara de dizer, ou talvez eu as tivesse ouvido mal.

Mas, não, eu ouvi direito — elas estavam me parabenizando.

"Por que raios vocês me parabenizariam por esse caos?", perguntei.

E foi aí que realmente comecei a entender o princípio de transformar veneno em remédio.

"Quando você eleva a sua condição de vida", disse Kimiko, "é capaz de transformar todas as energias negativas dessas situações infelizes no oposto, em energia positiva de bom augúrio".

"Por pior que seja a situação", assegurou-me, "ela pode se inverter proporcionalmente ou ficar até melhor".

"Como você tem muitos problemas graves", continuou Kimiko, "é uma oportunidade de criar ainda mais aspectos positivos ao transformar o veneno em remédio. É por isso que a parabenizamos".

Fiquei muito aliviada e empolgada ao ouvir aquilo. Passei a ver a pilha de negatividade como um tesouro. Se os problemas pudessem realmente ser usados como combustível para elevar a minha vida, eu poderia ser a primeira astronauta mulher dos Estados Unidos. Naquela hora, senti como se tivesse combustível suficiente para atingir níveis interestelares.

Por pior que sejam os problemas, eles podem se inverter proporcionalmente, repeti para mim mesma.

O conceito de transformar o veneno em remédio baseia-se na ideia de que, quando você eleva sua condição de vida, pode

Dificuldades, oposição, crítica — tudo isso
deve ser superado, e há uma certa alegria em enfrentá-las
e vencê-las.
— VIJAYA LAKSHMI PANDIT

•

Pegue o seu coração partido e transforme-o em arte.
— CARRIE FISHER

•

O caráter não se desenvolve com facilidade e mansidão.
Somente por meio da provação e do sofrimento
a alma se fortalece; a ambição é inspirada;
e o sucesso, alcançado.
— HELEN KELLER

usar a sabedoria, a coragem e a compaixão resultantes para converter qualquer coisa negativa em positiva. Se tiver um problema pequeno, poderá transformá-lo em um benefício pequeno. Se ele for de grandes proporções, o benefício também o será.

Transformar o veneno em remédio, então, começa com o simples passo de enfrentar seus problemas com a confiança de que você tem o poder dentro de si não apenas para superá-los, mas também para prosperar *por causa* deles — para se elevar a níveis maiores do que jamais alcançou.

O segredo é elevar a condição de vida, como exploramos no Capítulo Dois. Quando lhe faltar confiança, quando perder o foco ou quando sua mentalidade estiver fraca, aumente sua intenção ao recitar daimoku, meditando, exercitando-se ou adotando qualquer prática saudável que o eleve.

Elevar sua condição é essencial para criar mudanças significativas e duradouras na sua vida.

Só quando alcançamos uma condição de vida elevada podemos enfrentar qualquer circunstância com um espírito aberto e receptivo. Não haverá nenhum problema difícil demais de superar, nenhuma barreira intransponível.

A partir desse estado elevado, vemos que os obstáculos que enfrentamos contêm as lições que devemos aprender para tornar nossos sonhos reais.

Com esse entendimento, podemos invocar a sabedoria para escolher respostas e ações positivas (em pensamento, palavra e ação), que levarão a mudanças construtivas e nos ajudarão a evitar piorar as situações para nós mesmos e para os outros.

Graças a esse processo, comecei a ver que todos os meus problemas eram oportunidades de crescimento e de me tornar uma versão melhor e mais feliz de mim mesma. Cada obstáculo me ajuda a me tornar uma pessoa mais sábia, mais forte e mais compassiva.

Como o lótus, quanto mais profunda e pegajosa a lama na qual eu estivesse atolada, mais bela minha flor desabrocharia. Não apesar da lama, mas *por causa* dela.

Também vi a verdade do velho ditado que diz que, quando se aponta o dedo para alguém, três apontam de volta para você — um lembrete para sempre olharmos para nós mesmos.

Na comunidade budista, dizemos: "Não há culpa, apenas responsabilidade."

Isso significa que, quando surge um problema, não devemos vê-lo como algo que merecemos por causa do carma negativo nem buscar culpados. A culpa pertence ao reino do ego.

Em vez disso, devemos assumir a responsabilidade pelas nossas ações e lidar com os problemas com calma e racionalidade, visando amplificar a nossa felicidade e a de todos os envolvidos. Às vezes, é mais fácil falar do que fazer, seja um problema maior ou menor, ou um pequeno deslize "Oops" *à la I Love Lucy*, como chamo os contratempos mais engraçados. Tive minha cota de "Oops", como a noite em que me diverti um pouco demais com a minha banda no encerramento de uma das nossas turnês.

Foi na noite anterior ao nosso último show na Nova Zelândia, e fizemos uma festa na qual toda a banda (todos homens, exceto minhas dançarinas de apoio) me surpreendeu se vestindo como eu (nem perto!) e dublando minhas músicas. Eles disseram que era a minha vez de receber um show, e amei cada minuto.

Tomei três ou quatro taças de champanhe, o que não é grande coisa para a maioria das pessoas, mas, como não bebo, elas acabaram comigo. Fiquei acordada até muito mais tarde do que normalmente fico na noite antes de um show, e, além disso, algo que comi não bateu bem.

No dia seguinte, senti toda a pressão da intoxicação alimentar, da fadiga e de uma dor de cabeça. Mal consegui me arrastar da cama do hotel durante o dia, muito menos imaginar uma apresentação. Pior, esse último show foi em um palco ao ar livre, e, como se diz por aí, estava chovendo canivete.

Mas cancelar o show estava fora de cogitação. Sobrevivi a momentos muito piores do que uma intoxicação alimentar e uma dor de cabeça. Meus fãs tinham pagado para me ver em cena, feito sacrifícios para conseguir ingressos, viajado até o local e estavam dispostos a tomar chuva. Então, decidi transformar o veneno em remédio. Recitei daimoku para reunir minhas forças e dar ao meu público um show além das expectativas.

Depois de uma hora recitando, senti a náusea e a dor deixando o meu corpo. Eu estava energizada, tranquila e empolgada, ansiosa para ir para o palco passar o som e fazer o show da minha vida.

Quando cheguei ao local, a chuva estava forte, o palco, escorregadio, e o vento, intenso. Timmy, meu saxofonista, usava suas grandes botas Doc Martens e caminhava cautelosamente pelo palco. Enquanto isso, eu estava com meus Louboutins de salto alto. Eu não precisava apenas andar sobre eles, mas dançar!

Quando chegou a hora do show, cantei e dancei com o coração. Até deixei a tenda do palco e tomei chuva com os meus fãs. Foi tudo irretocável! Recitar daimoku com a fé de que eu poderia pegar o problema e torná-lo algo melhor do que o esperado transformou o veneno em remédio mais uma vez.

Como mencionei, o ego adora problemas. Enquanto eu estava deitada na cama me sentindo mal, meu ego estava interferindo, sussurrando para eu esquecer aquele show, listando todos os problemas que enfrentaria. Eu sabia que não deveria ouvi-lo e logo mudei de ideia.

O ego gosta dos problemas, não porque quer torná-los positivos, mas porque os usa para nos manter sob seu feitiço. Ele se esconde nos problemas para perpetuar o drama, escolher o caminho mais fácil, evitar responsabilidades e reiterar sua superioridade sobre os outros.

Às vezes, o ego nos faz acreditar que somos perfeitos como somos, que não precisamos que os outros nos ensinem nada.

Mesmo quando temos o ego sob controle, se não há ninguém para nos ajudar a nos guiar, é difícil ter uma perspectiva verdadeira de onde estamos ou de para onde queremos ir. Pode ser um desafio saber como fazer mudanças positivas sem um exemplo para nos encorajar e para iluminar o nosso caminho.

A tradição budista ensina que um dos segredos para nos libertarmos das amarras do ego é procurar um mentor que nos ajude a elevar a nossa condição de vida. Essa mentoria separa o Eu Menor do ego e abre o Eu Maior da natureza de Buda.

Se você estudou algum ofício, ou se é artista ou atleta, provavelmente conhece a dinâmica mentor-discípulo. Hoje em dia, porém, parece que os vínculos dessa relação, mesmo comprovados, enfraqueceram-se. A noção de que você pode, de algum jeito, aprender tudo o que precisa sozinho se tornou comum.

Se não confia na eficácia da mentoria, pense em quantos atletas de elite ou equipes esportivas profissionais treinam sem um treinador. Zero. Quantos de seus filmes favoritos são feitos sem produtor ou diretor? Zero. Quantas das melhores escolas do mundo funcionam sem professor? Zero.

É uma realidade que todo grande líder, de qualquer área, primeiro teve um grande mentor.

Encontrar um mentor que inspire e guie seu crescimento é uma experiência transformadora. Os mentores nos ajudam a transcender os limites, pelo menos os percebidos, das nossas capacidades. Um mentor pode ser qualquer pessoa que nos ensine e nos ajude a crescer de maneiras que não poderíamos ter feito por conta própria.

Os mentores também nos ajudam a nos ver de maneiras que não conseguimos sozinhos. Em qualquer idade, podemos encontrar um mentor para a nossa vida. Se não tivermos acesso a um pessoalmente, podemos experimentar sua sabedoria por meio da palavra escrita.

Avaliando o meu passado, percebo que tive a sorte de ter vários mentores na vida. A primeira foi a minha prima Margaret,

Não importa quais realizações você
tenha alcançado, alguém o ajudou.
— **ALTHEA GIBSON**

•

Um mentor é alguém que lhe permite ver
a parte superior de si mesmo quando às vezes
ela se oculta da sua própria visão.
— **OPRAH WINFREY**

•

Mostre-me uma pessoa de sucesso
e lhe mostrarei alguém que teve influências positivas
sobre ela... Um mentor.
— **DENZEL WASHINGTON**

que me ensinou sobre os pássaros e as abelhas e como cuidar de mim mesma. Durante a adolescência, tive a sorte de ter ótimos professores no colégio, e também tive os Henderson, a família para a qual trabalhava. Eles generosamente me ensinaram boas maneiras e como me portar na sociedade. Também me mostraram como é um relacionamento saudável e serviram de exemplo de condições de vida mais elevadas às quais aspirar.

Embora meu primeiro casamento tenha sido uma conhecida catástrofe, houve alguns aspectos positivos no início. Eu era adolescente quando conheci Ike e não sabia nada sobre o mundo da música. No começo, quando éramos amigos, ele foi meu mentor musical, ensinando-me sobre a indústria do entretenimento, técnicas de gravação e como me portar no palco. Essa mentoria durou pouco, porém, e terminou quando nos casamos.

Mais tarde, tive a sorte de conhecer meu mentor espiritual, Daisaku Ikeda, a principal voz da filosofia budista de Nitiren, que me deu palavras de sabedoria que mudaram a minha vida.

Sou grata por ter conhecido meu empresário, Roger Davies, que se tornou o maior mentor na minha carreira e me guiou ao recorde do topo das paradas e ao sucesso mundial com que sempre sonhei.

Então, conheci Erwin Bach, meu mentor no amor verdadeiro, inabalável parceiro de vida, alma gêmea e marido. Estar com ele me ensinou a amar sem abrir mão de quem sou, pois concedemos um ao outro a liberdade e o espaço para sermos indivíduos ao mesmo tempo que somos um casal. Erwin, que é naturalmente uma força da natureza, nunca se sentiu nem um pouco intimidado por minha carreira, talentos ou fama. Ele me mostra que o amor verdadeiro não requer que eu apague a minha luz para ele brilhar. Pelo contrário, somos a luz da vida um do outro e queremos brilhar o mais forte que pudermos juntos.

Desde a minha juventude, fui abençoada com o instinto de procurar pessoas que sabem mais do que eu e de aprender com elas para melhorar. Essa é a essência de qualquer mentoria.

Talvez todos nós tenhamos o instinto de procurar um mentor, mas a sociedade moderna suprimiu esse impulso, com suas redes sociais cada vez mais antissociais e sua ênfase no individualismo que beira o isolacionismo. Espero que essa tendência se reverta e que buscar conhecimento daqueles que sabem mais do que nós seja de novo valorizado.

Em 2014, meu amigo Herbie Hancock foi convidado para dar as prestigiosas Palestras Norton na Universidade Harvard, nas quais compartilhou grandes percepções sobre a mentoria e a transformação do veneno em remédio. Herbie relatou lições do seu mentor de jazz, Miles Davis, que lhe ensinou que "um grande mentor mostra o caminho para encontrar suas próprias respostas verdadeiras" e sempre "nivela por baixo para chegar ao topo e cresce enquanto ajuda os outros".

O próprio jazz é um exemplo de transformação de veneno em remédio.

Os afro-americanos o criaram, um ótimo remédio para o coração das pessoas, a partir da experiência venenosa da escravidão. O jazz se desenvolveu a partir da cultura africana, da música gospel e do blues para levantar o ânimo das pessoas oprimidas, e agora leva alegria para pessoas do mundo todo.

O jazz também ocupa um lugar especial no meu coração.

Quando deixei Ike, em 1976, estava sem um tostão. Eu queria trabalhar, mas era difícil me relançar em carreira solo. Sempre que alguém ouvia o nome "Tina", dizia: "Onde está o Ike?" Eu não tinha o básico para começar a minha nova vida. Naqueles tempos árduos, dois músicos de jazz e suas famílias ajudaram a mim e a meus filhos. Como mencionei, Wayne Shorter e sua família recitavam conosco e nos acolheram quando não tínhamos para onde ir, e Herbie Hancock e sua esposa, Gigi, também iam às reuniões de daimoku comigo.

Eles me inspiraram a nunca desistir, a sonhar grande.

Anos depois, em 1982, Wayne, Herbie e eu tivemos a honra de nos apresentar em um festival budista pela paz, em Washington, D. C. Naquele evento, juramos ser Bodisatvas da música: inspirar a esperança e a paz por meio da nossa arte, para tornar a sociedade um lugar melhor. Um quarto de século depois, reunimo-nos para tocar juntos — no álbum de jazz de Herbie, *River: The Joni Letters*, que nos rendeu o Grammy de Álbum do Ano.

Sou feliz por poder dizer que ganhei mais Grammys do que consigo segurar, mas essa foi a única vez em que recebi o prêmio de Álbum do Ano, e compartilhá-lo com velhos amigos foi ainda melhor. Para mim, foi o resultado da transformação do veneno em remédio que fizemos repetidamente ao longo dos anos, por causa do nosso juramento de sermos Bodisatvas da música. Que maneira feliz de fechar um ciclo com meus amigos do jazz!

"O que você quer da vida, Tina?", lembro-me de Wayne ter me perguntado um dia.

Ele havia voltado para casa de uma turnê de jazz uma semana após o 4 de julho de 1976 e me encontrou esfregando o chão da cozinha. Ana e ele queriam que eu parasse de fazer coisas do tipo em casa durante os cinco meses que fiquei com eles, mas ser útil à família deles foi outra maneira de eu transformar o veneno em remédio. Eu adorava fazer tarefas domésticas, e, ainda que não percebessem, eles precisavam de ajuda com elas.

Sou ótima em limpar e em organizar, e, naquela época de recuperação, em que eu estava com os meus amigos, eu gostava de fazer as suas casas brilharem. Eu me sentia útil, e, como resultado, a minha condição de vida melhorava.

De volta à cozinha, Wayne me perguntou novamente: "Se você pudesse ter qualquer coisa, algo que o seu coração realmente deseje, o que seria? Para você, para as pessoas que ama, para a sua comunidade, para o mundo."

Eu não sabia como responder àquela pergunta. Estava sozinha pela primeira vez e ainda não vislumbrava bem o futuro que queria.

Quaisquer que sejam as suas circunstâncias, fazer essas perguntas a si mesmo é um exercício valioso. O que você entende como felicidade? Qual é o desejo do fundo do seu coração?

Quando eu estava na casa dos 20 e dos 30 e poucos anos, não sabia o que queria e não tinha sequer pensado no rumo que estava tomando. Apenas seguia o fluxo.

O melhor meio para atingir
o estado de buda é encontrar um bom amigo.
Até onde nossa sabedoria pode nos levar?
Se possuímos sabedoria suficiente
para distinguir o quente do frio,
deveríamos procurar um bom amigo.
— **NITIREN**

·

Ter bons amigos e progredir com eles
não é meio caminho para atingir o Estado de Buda,
é o próprio caminho.
— **SHAKYAMUNI**

·

Não avançar é o mesmo que retroceder.
— **TSUNESABURO MAKIGUCHI**

Pode parecer óbvio, mas, se você não sabe o que quer, como poderá consegui-lo? Se não sabe qual é a ideia que faz da realização, será difícil encontrá-la. É como fazer uma viagem sem destino. Se não há um destino certo, a tendência é vagar. Às vezes, vagar é divertido por um curto período, mas acaba se tornando frustrante e sem objetivo. E um caminho sem objetivo não é um guia adequado para uma vida feliz.

Como eu não tinha uma resposta para Wayne, ele sugeriu que eu criasse uma declaração de missão para a minha vida, para me ajudar a definir bem uma direção. Com isso, eu perceberia como os meus sonhos respaldavam a minha missão de vida.

Mergulhei em mim, deixei ir o que me prendia e comecei a me ver melhor.

Foi quando percebi o que precisava mudar para ser feliz e ter sucesso. Quando finalmente me vi, soube que poderia mudar qualquer coisa que desejasse.

Essa é a essência de recitar *Nam-myoho-renge-kyo*. Assim que entendi isso, intensifiquei a minha prática. Foi quando comecei a recitar várias horas por dia.

Ao elevar a minha condição de vida, ganhei perspectiva e força para encontrar o caminho para revelar meu verdadeiro eu e para transformar cada veneno que enfrentava em remédio.

Se não criou uma declaração de missão para sua vida, encorajo-o a fazê-lo e a ser sincero consigo mesmo sobre seus valores e desejos. Está tudo bem se a lacuna entre a realidade e os seus sonhos ainda for grande. Acredito que é assim que deve ser.

Como Einstein disse, devemos buscar metas para as quais "até nosso maior esforço hoje pareça insuficiente".

Quando a vida estiver difícil, retornar à declaração de missão o lembrará do seu propósito, do seu juramento, e o ajudará a melhorar sua condição de vida.

Quando nossa condição de vida é elevada o suficiente, tudo é possível — incluindo o impossível. O segredo é continuar avançando, mesmo que os passos sejam ínfimos, com a sólida crença de que você, definitivamente, chegará aonde deseja.

Remova todas as dúvidas da sua mente.

E lembre-se de que o "como" não é tão importante quanto o "quê".

Depois de adotar o budismo, nunca duvidei de que chegaria aonde queria. Mas na maior parte do tempo eu não tinha ideia de como exatamente chegaria. Deixei o "como" para o Universo e para o funcionamento místico da minha mente e da minha alma.

O tempo todo, guardei este encorajamento de Daisaku Ikeda no meu coração: "Uma coisa é certa: o poder da crença, o poder do pensamento, moverá a realidade na direção do que acreditamos e concebemos dela. Se você realmente acredita que pode fazer algo, você pode. Isso é fato. Quando visualiza o resultado da vitória, grava-o em seu coração e convence a si mesmo de que o alcançará, seu cérebro empreende todos os esforços para realizar a imagem mental que você criou. E, assim, essa vitória finalmente se torna realidade."

Enquanto eu trabalhava para dominar minha mente dessa maneira e abordava os obstáculos como catalisadores para o meu crescimento, transformando continuamente o veneno em remédio, sem reclamar, experimentei uma mudança profunda.

Milagres não acontecem da noite para o dia. Mas, com paciência e persistência, transformações milagrosas se acumularam dentro de mim. Aos poucos, surgiram também melhorias no meu ambiente externo, refletindo essas transformações internas.

A escuridão gélida do inverno que cobriu tantos anos do meu mundo interior finalmente começou a dar lugar a uma primavera quente e radiante.

Foi quando a minha evolução real, a minha revolução, começou.

Capítulo Seis

A Revolução
no Coração

A luz do Sol entrava pela janela enquanto eu bebia meu chá da manhã. As estatuetas de cristal na mesa a refletiam, espalhando uma cascata de cores pela minha parede. Esses feixes dourados partiram do Sol cerca de 8 minutos antes e viajaram por volta de 150 milhões de quilômetros para chegar à sala onde eu estava sentada.

Em um ou dois minutos, esse precioso espetáculo terminaria. Mas eu estava, e sou, grata por saber que o grande show de luzes da amada estrela do nosso planeta continuará por bilhões de anos. É mais um milagre cotidiano que temos a sorte de testemunhar neste paraíso que chamamos de Terra.

Por muitos anos — quase duas décadas, na verdade —, fui cega para a beleza dessas simples maravilhas da natureza. Elas estavam ao meu redor, naturalmente, não saí do planeta. Mas, de certa forma, eu me sentia assim, pois as influências nocivas me envolveram como uma densa névoa. A beleza do mundo se tornou indiferente para mim.

Os sintomas do meu carma negativo sugaram tanto a minha condição de vida, que existir era árduo. Perdi a alegria de viver.

A vida, em todas as suas manifestações gloriosas, embora às vezes sutis, é um presente inestimável. A vida, simples e sem adornos, é um legado abundante de esperança da Mãe Terra: nosso direito de estar aqui. Sempre me lembro das palavras de Nitiren: "A vida é o tesouro mais valioso de todos. Mesmo um dia a mais de vida tem valor superior a dez milhões de *ryo* em ouro."

No entanto, podemos nos esquecer de apreciar a beleza de nossas vidas quando nos distraímos em rotinas agitadas de trabalho, estudos e relacionamentos. Pode se tornar ainda mais difícil quando nos deparamos com responsabilidades, prazos, contas e as lutas para resolvermos os nossos problemas.

Em algum momento, muitos de nós se recolhem em suas conchas, na esperança de se protegerem dos desconfortos do cotidiano, para não mencionar os maiores desafios dos quatro sofrimentos universais: nascimento, doença, envelhecimento e morte. E, mesmo se não nos escondermos, há outro lugar familiar para o qual nos retiramos: a zona de conforto.

Em ambos os casos, não nos desafiamos a crescer.

Temos um ditado na comunidade budista: se você não está avançando, está retrocedendo, porque tudo no Universo está sempre em fluxo. Isso significa que, se não se esforça para avançar em alguma área da sua vida, tome cuidado: você está retrocedendo sem perceber.

Esse era o meu caso antes de começar a recitar. Eu confundia fortuna material — minha fama, uma bela casa, roupas de grife, carros extravagantes — com avançar na vida. O que acabei aprendendo foi que, apesar dessas armadilhas externas do sucesso, eu estava retrocedendo na única área que realmente importa — minha condição de vida interior. Isso se manifestou de várias maneiras. Perdi o interesse em melhorar. Apresentar-me, coisa que eu amava, tornou-se um fardo. Não gostava da minha aparência, não gostava da minha voz, não gostava de dar entrevistas, não gostava muito de nada. A verdade é que eu não gostava de mim.

Isto é, até descobrir a sabedoria libertadora da "revolução humana". Nos últimos 47 anos, usei esse processo de transformação interior para desbloquear o potencial de plenitude da minha vida.

Várias revoluções ao longo da história custaram a vida de muitas pessoas e espalharam a miséria na sociedade. A revolução humana é bem diferente.

Ao me revitalizar a cada dia, minha condição de vida melhorou e avancei dentro de mim, mesmo que apenas um passo por vez. Alcancei novos patamares de criatividade e ganhei uma nova consciência da sacralidade da minha própria vida e da vida de todos ao meu redor. Este é o melhor tipo de revolução que consigo imaginar.

A revolução humana é interna e estável. É uma revolução que acontece no coração.

É o processo de crescimento pessoal por meio dos desafios — o que acontece quando nos incitamos a expandir as nossas capacidades.

Esse tipo mais humano de revolução me ajudou a quebrar a dura casca externa do meu egoísta "Eu Menor" e revelar o "Eu Maior" que existe dentro de todos nós. Este eu maior é a parte indestrutível e eterna de cada um de nós, aberta a toda sabedoria, a toda coragem e a toda compaixão.

Na herança batista da minha família, tal revolução no coração é descrita como "nascer de novo". Já ouvi pregadores cristãos proeminentes contarem a história de Jesus e seus quarenta dias e quarenta noites no deserto, que dizem ter catalisado sua revolução humana. Porque, quando Jesus voltou de lá, estava transformado.

Felizmente, não precisamos desaparecer no deserto por quarenta dias e quarenta noites para experimentarmos a mudança. Descobri que a revolução humana não precisa ser extraordinária nem apartada do cotidiano.

Por exemplo: digamos que uma colegial mediana decida se desafiar estudando matérias que considera difíceis, como francês.

Essa garota sou eu.

Eu sabia que não seria exímia em um idioma estrangeiro e que não precisava estudá-lo, mas quis desafiar meus limites.

Ou digamos que há uma jovem que prefira ser solitária. Ela não se sente confortável socializando, mas se desafia juntando-se a equipes esportivas, a clubes e se voluntariando para planejar eventos estudantis.

Essa garota também sou eu.

Quando eu era jovem, adorava ficar sozinha, mais do que qualquer outra coisa. Eu poderia me entreter feliz da vida o dia todo. Mas, à medida que o colegial se aproximava, percebi que ficar à margem não me ajudaria muito, então me esforcei para sair da minha zona de conforto.

Entrei para o time de atletismo e de basquete, e me tornei líder de torcida. Jogava basquete e depois corria para vestir a roupa de líder de torcida e voltava para liderá-la! Também me ofereci para organizar bailes e outras atividades estudantis.

Essas foram algumas das minhas primeiras experiências com a revolução humana e gostei do meu crescimento.

Sair da zona de conforto é um treino vitalício, e amo dizer que também é uma maneira infalível de adicionar novas dimensões gratificantes à sua vida; coisas maravilhosas acontecem quando você abre seu coração e sua mente para novas possibilidades.

Por exemplo, as pessoas que viam minha persona no palco presumiam que eu me sentia confortável sendo chamada de símbolo sexual. Nem de longe.

Ser vista dessa forma estava completamente fora da minha zona de conforto. Tive que trabalhar muito para me sentir confortável com aquela imagem.

O local mais sagrado não é a igreja,
a mesquita nem o templo,
mas o corpo.
É onde o espírito vive.
— SUSAN TAYLOR

•

O reino de Deus está dentro de você.
— LUCAS 17:21

•

Mais valioso que o tesouro do cofre é o tesouro
do corpo. Porém, nenhum é mais valioso
que o tesouro do coração.
— NITIREN

Eu não queria rejeitar a imagem de "símbolo sexual", já que as pessoas pareciam gostar dela, então decidi vesti-la. Eu a voltei para as minhas fãs, não para os homens da plateia, por dois motivos. Eu não queria que as mulheres se sentissem desconfortáveis nos meus shows sentindo que eu estava dando em cima deles. E queria encorajá-las a revelarem sua "mulher fenomenal", como escreveu Maya Angelou no poema homônimo.

A verdade é que você pode se desafiar a achar um propósito elevado em tudo o que fizer, no trabalho e na vida. E dominá-lo, abraçá-lo e fazer o melhor nele. Esta é a revolução humana.

Acredite ou não, escolher músicas para meus álbuns foi um exercício de crescimento. Havia músicas de que eu não gostava e não queria cantar, que acabaram se tornando grandes sucessos. Tive que abrir minha mente, em parte porque confiava no ouvido clínico do meu empresário, Roger, mas também porque decidi sair da zona de conforto e dar uma chance ao novo.

Quando fiz isso, comecei a perceber um significado mais profundo e um potencial maior nas canções que rejeitara de forma precipitada. Ao me abrir para algo que era inicialmente desconfortável, eu me apropriei daquelas músicas, adicionando nuances que comunicavam um sentido e um subtexto diferentes para o meu público e que expandiam o potencial da música, junto com o meu.

Antes de me comprometer com uma música, preciso visualizar como cantá-la no palco. Imagino-a do início ao fim antes de gravar uma única palavra. Se a música acabar sendo um sucesso, terei que cantá-la por tempo indefinido, e quero ter certeza de que terá um sentido para mim e para o meu público nos próximos anos.

Foi atravessando esse processo e expandindo meus limites que consegui criar algumas das minhas canções e performances de maior sucesso. E me sinto grata por ter feito isso.

Você imagina minha carreira sem "What's Love Got to Do With It"? Esse foi o meu maior hit, e de longe a música mais amada e transformadora para mim e para os meus fãs.

Mas foi uma das músicas de que não gostei quando ouvi pela primeira vez! Se eu não estivesse disposta a sair da minha zona de conforto, a abrir minha mente um pouco mais e a fazer o trabalho extra necessário para me apossar dela, talvez minha carreira não fosse o que é.

Um exemplo mais recente: quando me abordaram com a ideia de produzir um musical sobre a minha vida, não me interessei. Havia muitos motivos para eu recusar. Eu tinha acabado de me aposentar e a última coisa que queria era mais trabalho. Fiquei um pouco desconfortável com a ideia de ter atores interpretando minha história em um palco. Francamente, não conseguia imaginar por que as pessoas iriam querer ver. Mas decidi sair da zona de conforto mais uma vez e ir em frente.

Sou imensamente feliz por ter feito isso. Produzir *Tina: The Tina Turner Musical* acabou sendo gratificante e catártico. Ele me deu uma noção mais profunda das minhas realizações e uma sensação plena de paz em relação ao meu passado, e a resposta do público de ambos os lados do Atlântico foi muito positiva.

Até mesmo este livro que você está segurando é um exercício de revolução humana.

Organizar uma exploração espiritual como esta era um sonho de décadas, mas eu não achava que conseguiria escrever bem este tipo de material, então me segurei. Honestamente, a voz de uma garota que tinha dificuldades na escola (sim, eu!) surgia na minha cabeça e questionava se eu era capaz de fazer isto. Sou muito grata pelo incentivo dos meus coautores, pessoas de confiança que me apoiaram para superar minhas dúvidas e me ajudaram a organizar e a expressar meus pensamentos.

Apaixonar-me pelo meu marido, Erwin, foi outro exercício para deixar minha zona de conforto, para me abrir aos presentes inesperados que a vida nos dá. No dia em que conheci Erwin, em um aeroporto na Alemanha, eu estava exausta do voo, muito preocupada com a minha turnê e com muita pressa para chegar ao hotel para prestar muita atenção ao jovem executivo musical que minha gravadora mandou para me dar as boas-vindas. Mas eu o notei e logo senti uma conexão emocional com ele.

Mesmo assim, eu poderia ter ignorado o que senti — poderia ter ouvido as vozes fantasmas na minha cabeça dizendo que eu não estava bem naquele dia ou que não deveria pensar em romance, porque nunca termina bem. Em vez disso, ouvi meu coração. Saí da zona de conforto e estabeleci como prioridade conhecer Erwin. Aquele primeiro encontro simples levou a um relacionamento longo e lindo — a meu único casamento verdadeiro.

Como é notável pela minha vida, a revolução humana é, na verdade, apenas a elevação consciente do seu olhar para além do mundo cotidiano e o esforço para alcançar algo mais amplo e significativo. É o que acontece quando você sai da sua zona de conforto.

Faça a si mesmo esta simples pergunta:

Vou dar um passo à frente ou vou ficar onde estou agora?

Sua resposta a essa pergunta, momento a momento, determina o caminho da sua vida.

Pode parecer controverso, mas, como discutimos no capítulo anterior, é precisamente quando você experimenta os piores problemas e enfrenta probabilidades aparentemente impossíveis que ganha as oportunidades mais valiosas de realizar a sua revolução humana, de romper as suas limitações e de transformar o veneno em remédio.

Quando passei por alguns dos meus piores momentos, era mais fácil ceder a soluções rápidas, como fumar, beber ou usar drogas. Em vez disso, escolhi olhar para dentro, para explorar a fonte do meu Eu Maior.

Em vez de me entregar à automedicação, optei pela automotivação. Entrei em ação. Procurei ajuda espiritual, estudando e praticando o budismo, o que me fortaleceu. E procurei tornar meu corpo mais saudável adotando uma boa dieta à base de vegetais e remédios holísticos. Escolhi o autoaperfeiçoamento, mesmo que parecesse o caminho mais difícil. Esta é a revolução humana.

Não quero parecer uma heroína. Houve momentos em que minha resolução foi desafiada e tive que recomeçar.

Enquanto escrevo isto, na casa dos 80, posso lhe dizer com absoluta certeza que uma vida inteira passa voando em um piscar de olhos. A menos que nos dediquemos a alcançar a nossa revolução humana pessoal, muitos de nós acabamos passando nossos dias preciosos apenas correndo, mas sem chegar a lugar nenhum.

Permanecemos presos nos mundos inferiores — consumidos por ego, medos e desejos nesses reinos rasos.

Mas, quando fazemos o melhor para nos elevar, aumentando o amor-próprio, a consideração e a bondade em todos os nossos comportamentos, vivemos a verdadeira revolução no coração.

Acredito que, durante grande parte da história humana, houve uma crença comum, embora ilusória, de que o segredo da felicidade é controlar ou mudar o mundo exterior, nosso meio ambiente, nossas economias, nossa política ou nossas estruturas sociais. Nós, seres humanos, dedicamos muito tempo e energia a esses empreendimentos, e pouco a transformar nosso mundo interior, que é o que dita a maneira como realmente vivemos nossas vidas.

Acabamos perseguindo coisas fora de nós que são irrelevantes, enquanto desconsideramos a fonte real de valor — o nosso coração. Oro pelo dia em que nossos esforços coletivos corrigirão esse desequilíbrio, trarão uma "valorização do que é valioso" e levantarão as cortinas da revolução humana global.

O amor expande o seu coração,
tornando-o gigante por dentro.
— MARGARET WALKER

•

Pratico uma religião cotidiana que funciona para mim.
Adore-se primeiro, e tudo o mais se alinhará como deve.
— LUCILLE BALL

•

Diga-me quem você ama,
e eu direi quem você é.
— PROVÉRBIO CRIOULO

Quando vejo a palavra *revolução*, penso em uma mudança drástica. Em nosso dia a dia, no entanto, o mais típico é uma mudança gradual, por anos, à medida que amadurecemos.

Mas descobri por experiência própria que a revolução humana surge quando aceleramos nosso ritmo típico de crescimento e passamos por uma mudança relativamente mais rápida. Como um voo supersônico em um plano espiritual interior.

Quando comecei a viver a minha própria revolução, vi a importância de lembrar que as escolhas diárias e as mudanças nas minhas ações são as mais importantes. Mudanças duradouras, em nossas vidas e na sociedade, só são possíveis por meio de mudanças no coração. Deve haver uma mudança de intenção em nossos pensamentos, palavras e ações para nos tornarmos melhores hoje do que fomos ontem.

Para mim e para milhões de pessoas em todo o mundo, o catalisador desse processo é a prática diária de recitar *Nam-myoho-renge-kyo*, que afirma a santidade de toda a vida e a convicção de que todos temos Deus dentro de nós.

Este é o primeiro livro que escrevo sobre a minha prática espiritual e sobre as importantes lições que aprendi com ela. Mas, durante décadas, faço o máximo para encorajar os outros e ensinar pelo exemplo, para que minhas experiências sejam úteis.

Desde que comecei minha carreira solo — milhares de shows em dezenas de países —, passei a recitar daimoku e a orar antes de todo show, focando a felicidade de cada pessoa que vai me ver. Visualizo meu público e oro para eu ser a pessoa que cada um deles precisa que eu seja naquele dia, a fim de inspirar seus sonhos, revigorar sua esperança e recarregar sua alma. Oro para provocar neles uma alegre revolução em seus corações.

Acredito que a oração é positiva e poderosa, e qualquer um pode fazê-la a qualquer momento. É muito mais construtiva do que lamentar nossas circunstâncias ou as dos outros. Aprendi que, ao enfrentar desafios, reclamar não ajuda.

No Capítulo Cinco, falei das maravilhosas senhoras japonesas que estavam no grupo local de daimoku quando comecei minha prática budista. Elas levavam os mais deliciosos bolinhos de arroz e chá-verde. Um dia, estávamos sentadas depois da sessão de daimoku, saboreando aquelas iguarias e conversando sobre nossos desafios, quando me disseram: "Lamentar apaga a boa sorte. Nunca reclame!"

Concordo plenamente. Nunca reclamei das minhas circunstâncias. O que há de bom nisso? Resmungar só o deixa pra baixo. Encontre seu rumo, sorria, sacuda a poeira, ame-se. Use seus desafios para se tornar mais forte. É assim que você transformará o seu carma e abrirá o seu coração.

Há um ditado que diz que existem duas coisas com as quais você nunca deve se preocupar: com as que pode mudar e com as que não pode. Pela minha experiência, praticamente tudo pode ser transformado mudando a si mesmo primeiro, então não se preocupe. Contanto que seu comportamento seja baseado na compaixão e que esteja sempre aprimorando sua própria vida, você está no melhor caminho possível.

Às vezes, nossa natureza inata de Buda, que abrange a compaixão, a percepção e a expansão da nossa mente, pode ficar borrada pela falta de uso. Mas, quando saímos da nossa zona de conforto e abrimos nossos corações, podemos polir as manchas e deixar a luz irradiar no nosso mundo.

Por extensão, polir o coração aumenta nossa confiança na capacidade de nossa família, a humanidade, de superar conflitos e desafios globais, do ponto de vista individual e do coletivo, para mudar o nosso mundo para melhor.

À medida que constrói sua história de mudanças internas para mudar suas circunstâncias externas, você também amplia a fé na sua capacidade de transformar dificuldades até mesmo aparentemente impossíveis em benefícios para você e para os outros.

Enquanto escrevo isto, minha história pessoal de revolução humana consciente marca quase meio século. Embora eu não acredite que haja um caminho sem dor para o autodesenvolvimento, as recompensas — a independência, a autossuficiência e a liberdade — valem o esforço. Estou confiante de que você ganhará o mesmo.

Nunca é tarde para começar ou para acelerar sua própria revolução humana.

Acredito do fundo do meu coração que a idade é apenas um número, e nunca deixei que ela atrapalhasse o meu caminho. Nem aos 42, quando diziam que eu era muito velha para ser uma estrela do rock. Nem agora, na casa dos 80, quando o livro que sonhei escrever durante décadas finalmente está em suas mãos.

Já passei dos 80, mas não gosto de dizer que "cheguei", porque ainda me desafio a crescer, a sair da minha zona de conforto, a melhorar a minha vida e a servir aos outros.

Se você não tem um modelo que o inspire, não tem problema. Não cresci com modelos de civilidade e charme, então trabalhei com o que tinha. Eu os encontrei no cinema, enquanto me sentava na sala escura, estudando as características dos personagens. Achei modelos nos livros, nos quais figuras heroicas mostravam-me que tudo é possível. Também os encontrei na minha própria imaginação, onde visualizava uma condição de vida superior à minha, embora eu nem sequer soubesse o que era budismo ou tivesse palavras para expressar esses conceitos.

Eu visualizava viajar pelo mundo, fazer grandes coisas e morar em uma casa na qual estaria rodeada de beleza e amor. Mesmo depois que meus pais se mudaram, e fiquei pulando da casa de um parente à de outro, eu decorava os meus quartos improvisados da melhor forma que podia, porque sabia instintivamente que precisava de brio na minha vida.

Não havia ninguém me empurrando para viver uma vida melhor ou para sonhar; isso era algo que eu queria para mim, e esse desejo alimentou meu espírito explorador. Mesmo em meio às perdas e à negligência que sofri na infância, à turbulência do meu primeiro casamento e às batalhas para me livrar dos resquícios de tudo isso e recomeçar, nunca desisti.

Nunca permiti que minha imaginação fosse tolhida. A visualização me serviu bem — em minha mente, sempre vi uma vida melhor. Imaginação, visualização e sonhos altos, combinados com trabalho árduo, determinação e fé, trouxeram-me aonde eu queria chegar, e eles podem fazer o mesmo por você.

Se perceber sua determinação se desfazendo, diga a si mesmo: "Desta vez, tomarei tal atitude! Desta vez, vou vencer!" Enquanto você avançar, independentemente de quaisquer decepções e contratempos, estará no caminho da vitória.

Vi pessoas se desviarem do caminho do autoaperfeiçoamento influenciadas por perspectivas de curto prazo, fracassos ou pela opinião dos outros. Em qualquer um desses casos, a condição de vida delas sofreu. Felizmente, conheci muito mais indivíduos que se esforçaram para melhorar e trabalhar em prol do bem maior. Invariavelmente, suas vidas se tornaram mais gratificantes.

Tudo se resume às nossas escolhas — tomar decisões ponderadas para melhorar, para você e para os outros — e às intenções por trás delas. A todo momento, sempre temos uma escolha, mesmo que pareça que não. Às vezes, ela pode ser simplesmente ter um pensamento mais positivo.

Lembre-se de que cultivar a dimensão mais profunda de você mesmo, sua jornada interior, é sempre o caminho mais curto para a plenitude.

Então, vamos revigorar a humanidade e nossas vidas. Pense na *evolução* da palavra *revolução* como sua oportunidade de acelerar a velocidade da sua evolução humana e amplificá-la. Tenho certeza de que o resultado o fará muito feliz.

Precisamos de uma revolução dentro das nossas próprias mentes.
— **JOHN HENRIK CLARKE**

•

Com nosso gênio científico e tecnológico,
fizemos deste mundo uma vizinhança,
e ainda não adotamos o compromisso ético
de fazer dele uma família.
Mas, de alguma maneira... todos
devemos aprender a viver juntos como irmãos
ou todos morreremos juntos como tolos.
— **MARTIN LUTHER KING JR.**

•

A verdadeira revolução é a interior.
— **ALICE WALKER**

Minha prática budista tem pavimentado o meu caminho pessoal rumo à revolução. Mas você não precisa ser adepto do budismo para se beneficiar dos seus princípios.

Na verdade, você não precisa disso para ser um Buda. Como Daisaku Ikeda disse: "Quando percebemos que nossas vidas são uma com a grande e eterna vida do Universo, somos Buda. O objetivo do budismo é permitir que todas as pessoas cheguem a essa realização."

Essa mentalidade é acessível a todos, independentemente de religião ou formação cultural.

A sabedoria ancestral do Sutra do Lótus pertence a toda a humanidade e afirma que toda pessoa, sem distinção, tem a natureza de Buda, com o potencial infinito e o brio inerente para iluminar o caminho para a verdadeira independência e a felicidade absoluta e generalizada.

Entendo que é um preceito básico compreender que nossa salvação depende de nós e que devemos praticar o que pregamos. Dito de outra forma, falo da compreensão de que nós, seres comuns, somos capazes de operar transformações milagrosas quando nos esforçamos para nos polir. Sempre que penso nisso, fico fortalecida. "Deus ajuda quem se ajuda", diz o ditado.

Não fui capaz de operar milagres na minha vida por ser especial. Não sou diferente de nenhuma outra pessoa. Minha história é mais conhecida porque vivo sob os holofotes. Pessoas de quem você nunca ouviu falar fazem milagres acontecerem em suas próprias vidas todos os dias.

Chamo de milagre o fato de uma pessoa comum conseguir algo extraordinário. Todos temos o potencial de viabilizar mudanças milagrosas. Espero e oro para que você também se torne um fazedor de milagres, um agente da "revolução humana".

Um teórico do pensamento batista com o qual me alinho, o Rev. Dr. Lawrence Carter Sr., reitor fundador da Capela Internacional Martin Luther King Jr. no Morehouse College, disse: "Não tenho dúvidas de que, no século XXI, a expressão *revolução humana* se enraizará no vernáculo ocidental da espiritualidade. A revolução humana representa uma passagem da ideia ingênua da divindade pessoal para o desenvolvimento de uma profunda natureza de Buda, ou consciência crística — do egoísmo ao altruísmo, das perspectivas limitadas às possibilidades ilimitadas."

Como aprendi quando comecei a estudar o budismo, décadas atrás, as raízes desse conceito remontam a milhares de anos, ao Sutra do Lótus, que considera o mundo todo como o ensinamento definitivo de Buda, e aos primeiros filósofos budistas que foram seus discípulos.

Mas foi só no século XX, durante a Segunda Guerra, que o educador japonês Josei Toda começou a ensinar a "revolução humana". Conheci esse grande homem por Herbie Hancock, em uma das reuniões locais de daimoku no final dos anos 1970.

Herbie explicou como Josei Toda, um estudioso do Sutra do Lótus, ficou convencido de que sua sabedoria guiaria as pessoas para a revolução no coração, que por sua vez levaria à rejeição a todo tipo de violência. Toda dedicou sua vida à promoção da paz e foi preso por dois anos pelo governo militar japonês em razão de sua postura irredutível contra a guerra.

Fiquei profundamente tocada por saber que a mensagem do antigo Sutra do Lótus sobre a transformação iluminada viajou por terra e mar, e ao longo do tempo, até um educador pacífico em uma cela de prisão de guerra. Toda era apenas uma pessoa determinada, cuja intenção de compartilhar essa verdade poderosa com a humanidade era tão pura que acabou espalhando-a por todo o mundo, alcançando pessoas como eu e, agora, você.

Espero que esta mensagem seja uma ferramenta tão poderosa para você quanto tem sido para mim.

Meu querido amigo David Bowie, que sempre se interessou pelo budismo, me chamava de fênix, o pássaro mítico que renasce das cinzas. Acredito que o que ele viu em mim foi apenas o poder regenerativo da revolução humana. A sabedoria do Sutra do Lótus possibilitou mudanças dentro de mim que me fizeram essa fênix, queimando o antigo e ressurgindo no novo, rejeitando o transitório e revelando o verdadeiro.

Renascendo das cinzas do meu passado, aprendi que nossos pensamentos, palavras e ações são unificados por meio da prática espiritual. Eles são um todo dentro de nós. E quando nossos pensamentos, palavras e ações estão alinhados com nossas intenções mais positivas, a magia acontece.

Passamos de um eu coxo e fragmentado para um unificado e elevado. Curamo-nos, tornamo-nos plenos, por dentro e por fora. Aprendi a me curar por meio da prática espiritual de polir a minha vida. Ao estudar a sabedoria do Sutra do Lótus, tornei-me a médica da minha alma.

Descobri como romper os limites dos mundos inferiores e do meu Eu Menor, o eu privado e isolado, prisioneiro de medos, desejos e ilusões. Quebrei essas correntes praticando o autocontrole, o aprimoramento e o refinamento do meu caráter. Aprendi a me curvar em profundo respeito à minha própria natureza de Buda e descobri que, fazendo o mesmo para os outros, como diante de um espelho, eles se curvam de volta.

Adotando a filosofia Quaker de que nenhum indivíduo deve ser valorizado em detrimento de outro, busco tratar a todos com respeito, independentemente de status e origem. Espero que você também.

Por meio dessas práticas universais, acredito que qualquer pessoa pode transformar os três venenos da humanidade — avareza, ira e estupidez — em altruísmo, compaixão e iluminação. Todos podemos passar das condições inferiores do nosso estado de vida interior para outras mais elevadas e felizes.

O melhor de tudo é que você não precisa buscar essa sabedoria no topo de uma montanha distante. Em vez disso, pode encontrá-la dentro de você; ela está nas suas mãos, por assim dizer. Uma passagem budista muito conhecida e antiga diz: "Você é seu próprio mestre. Quem mais poderia? Quando você ganha controle sobre si mesmo, encontra um mestre de valor raro."

Essa passagem nos incentiva a viver de forma independente, fiéis a nós mesmos, sem influências externas. Esse eu cósmico maior é a natureza de Buda, ou consciência crística, dentro de cada um de nós. É o que acredito que Ralph Waldo Emerson previu quando escreveu sobre a "beleza universal, com a qual cada parte e partícula igualmente se relaciona; o eterno".

Para mim, uma revolução no coração significa uma mudança de ser, de atitude, de potencial e um senso de responsabilidade social e global. Quando experimentamos uma verdadeira revolução no coração, entendemos que as diferenças de raça, nacionalidade e cultura não precisam criar cisões nem confrontos. São as limitações em nossos próprios corações e mentes que nos separam de nós mesmos e dos outros.

Já testemunhei pessoas categorizando outras, e até a si mesmas, através das lentes excludentes de gênero, idade, nacionalidade, etnia, hábitos, personalidade e muito mais. Pode ser difícil separar quem realmente somos desses rótulos limitados, porque muitas vezes tudo se entrelaça. Olhar além dessas descrições superficiais nos ajuda a revelar nossa verdadeira identidade e é outra parte importante da revolução humana.

Como compartilhei, enfrentei racismo, sexismo e outras formas de preconceito; até mesmo xenofobia. Durante o retorno da minha carreira, no final dos anos 1970 e início dos anos 1980, quando eu me apresentava em todo o mundo, as pessoas perguntavam por que eu, uma norte-americana, queria trabalhar em outros países além da minha terra.

Minha resposta (com uma piscadela) sempre era: *"What's nationality got to do with it?"* ["O que a nacionalidade tem a ver com isso?", em tradução livre.]

Antes de tudo, sou humanista...
minhas crenças se baseiam na raça humana,
elas não excluem ninguém.
— WHOOPI GOLDBERG

•

Religião sem humanidade
é o que há de mais pobre na alma humana.
— SOJOURNER TRUTH

Graças à revolução no meu coração, conquistada a duras penas, hoje sinto orgulho e felicidade por ter superado a discriminação; mas o flagelo da cisão ainda é grave e dominante. Como Martin Luther King Jr. disse, para resolver esses preconceitos arraigados, "precisamos de uma revolução radical de valores".

Os sábios antigos que primeiro explicaram o "eu maior", advindo da revolução humana, também se debruçaram sobre o veneno do preconceito e sobre a necessidade de mudar os valores sociais básicos. Eles fizeram isso trazendo luz ao conceito de "origem dependente" e ao da "unidade de vida e ambiente".

Essas expressões parecem complexas, mas não são. Grosso modo, a origem dependente diz que, na sociedade humana e na natureza, nada existe de forma isolada. "Nenhum homem é uma ilha", diz a famosa citação do poeta John Donne. Estamos todos conectados de algum jeito, a tudo, pois somos todos feitos do mesmo mistério sagrado oriundo da energia do Universo.

Todos nós somos feitos de poeira estelar. Somos todos filhos de Deus, conectados pela consciência de Buda, uma família extensa de entes compartilhando um lar singular, a Terra.

Adorei quando Beyoncé nos lembrou em seu discurso na cerimônia virtual aos formandos de 2020: "Liderem com o coração." Acredito que devemos fazer da gentileza uma prática, um juramento, um compromisso.

Faço o meu melhor para tratar a todos com gentileza e respeito, em particular aqueles nos setores de saúde, varejo, hotelaria, manutenção e serviços. Fãs que atuam nessas áreas já comentaram que costumam ser maltratados. Talvez por serem menos inclinados ou aptos a falarem por si mesmos, ou pelo fato de as pessoas que se beneficiam do seu trabalho os verem como máquinas.

Quando meus amigos Wayne e Ana Maria Shorter receberam a mim e aos meus filhos, quando não tínhamos para onde ir, eu demonstrava minha gratidão e meu amor preparando refeições saudáveis para eles e limpando sua casa. Eu gostava de fazer isso por eles e me orgulhava de ser útil.

Tenho profunda gratidão e respeito pela minha equipe, as pessoas maravilhosas que cuidam de mim e da minha casa. Eu as compenso bem e aproveito todas as oportunidades que posso para mostrar meu respeito e apreço por elas, mesmo que seja com atos simples, como lhes servir água, chá ou um sanduíche. Embora não seja nada demais, gosto de fazer esses pequenos gestos por elas para expressar o meu carinho.

Praticar a bondade sempre foi algo inestimável para mim. Embora quando criança eu não tivesse dinheiro para comprar presentes, cantava para animar os meus amigos.

Dependendo da situação, eu cantava e criava melodias e letras na hora sobre o que estava acontecendo em suas vidas. Se uma amiga estivesse sozinha ou com o coração partido, eu inventava uma música sobre o namorado lindo e adorável que surgiria em sua vida. Ou se uma amiga se sentisse negligenciada ou estivesse passando necessidades, eu cantava sobre uma boneca novinha em folha de presente ou um vestido de festa de veludo, que eu sabia que a faria feliz.

Ser gentil não custa nada, mas, para quem recebe a gentileza, pode significar muito.

O que nos traz de volta à nossa revolução humana.

Se não gostamos da sociedade que vemos ao nosso redor, o conceito budista atemporal da unidade de vida e ambiente ensina que cabe a nós mudarmos primeiro. Isso significa que devemos ser a mudança que desejamos ver. Podemos pensar que somos apartados dos nossos arredores, como ilhas separadas por vastas extensões de água. No entanto, assim como até elas estão conectadas por meio da superfície do oceano, nós somos uma rede.

Nitiren comparou essa interconexão, ou unidade, de nossa vida e arredores com o corpo e sua sombra. Se você não gosta da sua sombra, como pode alterá-la? Movendo-se.

Parece simplista, mas é uma epifania tremendamente poderosa. Ela explica que tudo ao nosso redor, incluindo nossos relacionamentos e nosso trabalho, reflete nosso estado interior. E mostra-nos que podemos transformar qualquer situação por meio da nossa mudança interior.

Diante disso, vemos o quão tola e prejudicial é a discriminação de qualquer tipo, tanto para aqueles que carregam o preconceito quanto para os que sofrem.

Meu desejo sincero é que você e eu, e todos ao redor do mundo, continuemos expandindo nossos corações e mentes enquanto celebramos nossas diferenças e nos livramos de qualquer forma de discriminação. Isso, acredito, é um requisito básico para a paz, tanto dentro de nós como na sociedade.

Por meio da minha prática budista, descobri que todo ser vivo tem um valor fundamental. Ao perceber meu próprio valor, passei a reconhecer o de todos os outros. E vejo que cada um de nós é um microcosmo do mundo. Ao transformar a nós mesmos, o microcosmo, contribuímos para mudar o carma e o destino compartilhados de toda a raça humana e do mundo que ocupamos, o macrocosmo. Esta é a expressão máxima da revolução humana.

Não há responsabilidade e honra maiores do que essa.

—Ningen

—Kakumei

Em japonês, existem quatro símbolos usados para escrever "revolução humana" (*ningen kakumei*). Os dois primeiros, que representam "humano", originaram-se há milhares de anos em textos budistas que retratam o reino da humanidade. Eles mostram uma pessoa no meio de um portal, recebendo luz solar. Os próximos dois representam "revolução", com o primeiro significando mudança, ou reforma, seguido do símbolo da vida, ou do estado da vida, de uma pessoa, que também representa o destino. Isso pinta uma bela imagem, que indica que o processo da revolução humana passa pela ativação do nosso reino interior, inundado de luz, para mudarmos a nossa vida e o nosso destino.

Capítulo Sete

CANTE A VIDA

Era uma tarde de verão de 2008. Enquanto as nuvens carregadas que pairavam sobre o Lago de Zurique lentamente se dissipavam para dar lugar a um Sol glorioso, um arco-íris apareceu sobre a minha casa. Essa visão inspiradora sugeria que algo profundamente significativo estava a caminho. Acredito em sinais celestiais e em bons presságios da Mãe Natureza. Para mim, arco-íris simboliza paz, diversidade e despertar.

Aquele glorioso arco-íris anunciou a chegada da minha grande amiga Regula Curti.

Mais cedo naquele dia, ela me ligou de um retiro nos alpes suíços. Normalmente, não atendo o telefone de casa, mas, por algum motivo, atendi. Foi o destino. Se eu não tivesse atendido, poderia não ter visto em tempo hábil o recado anotado, porque estava com viagem marcada para a manhã seguinte. Como eu logo descobriria, o tempo era essencial.

Enquanto nos cumprimentávamos empolgadas, percebi uma corrente de emoção na voz de Regula e senti que minha amiga tinha algo importante a me dizer.

"Você quer me falar alguma coisa?", perguntei.

Quase pude ouvir seu sorriso quando ela respondeu: "Sim, é especial."

Em vez de continuar a conversa ao telefone, sugeri que nos falássemos pessoalmente naquele mesmo dia.

Ela concordou toda feliz. Prefiro a comunicação cara a cara, coração a coração, porque é mais pessoal.

Regula e eu nos conhecemos há duas décadas e compartilhamos momentos especiais juntas, desde cantar e dançar espontaneamente para o aniversário de um amigo em um barco no Mediterrâneo até desfrutar de jantares na casa uma da outra. Com o passar dos anos, ela e eu conversamos bastante sobre espiritualidade e sobre o poder curativo da música e do canto. Eu estava curiosa para ouvir o que ela queria compartilhar comigo.

Regula deve ter voado montanha abaixo — ela chegou muito rápido — até parar na minha garagem. Quando saí para recebê--la, o céu lançou sete cores sobre nossas cabeças.

Ao se sentar na minha sala de estar para tomar um chá, Regula explicou que estava com uma ideia para um álbum de orações budistas e cristãs para promover a paz e o entendimento entre as diferentes culturas. Seria o primeiro álbum da Beyond Music, um projeto multicultural que fundara no ano anterior.

Intrigante, pensei, enquanto minha mente se voltava para uma vidente que muitos anos antes disse que um dia eu trabalharia com um grupo ecumênico de mulheres. Essas aspirações falavam à minha alma, e eu quis saber mais.

Ela disse que a produção do álbum já estava em andamento, com a cantora budista tibetana Dechen Shak-Dagsay, que também mora perto do Lago de Zurique. No ano anterior, participei de um evento maravilhoso que Regula e ela mediaram — uma conversa ecumênica entre o Dalai Lama, do Tibete, e o Abade Martin Werlen, da Suíça.

"Aquele dia foi tão emocionante", disse Regula, "que inspirou esse álbum".

Um comentário do Dalai Lama que a tocou profundamente naquele dia foi: "É importante ser receptivo e tolerante com outras crenças e sempre respeitar os outros, apesar de quaisquer diferenças entre elas."

Dechen e Regula concretizaram a ideia e agora estavam tecendo mantras budistas e cristãos em um álbum inspirador. Conforme as gravações progrediam, elas perceberam que seria bom para o projeto ter uma celebridade para ajudar a promover suas mensagens.

"Esta manhã, enquanto estava meditando", continuou Regula, "ouvi sua voz, Tina. Mas você não estava cantando — você estava falando, compartilhando uma mensagem sobre espiritualidade no álbum".

Isso era tudo que eu precisava saber. "Faz muito tempo que espero por este momento", falei. "Desde a década de 1980, digo que um dia faria um projeto voltado à espiritualidade. A hora é agora. Quero fazer parte disso."

O momento foi perfeito. Eu tinha acabado de anunciar a última turnê da minha carreira, comemorando meus 50 anos de música. Aos 69 anos, comprometi-me com uma ambiciosa turnê com 90 shows ao redor do mundo e mais de 1,2 milhão de ingressos vendidos. Que encerramento de carreira!

Os preparativos para a minha turnê de 50º aniversário estavam bem encaminhados quando me juntei à equipe de Regula no estúdio. Eu teria tempo suficiente para terminar as gravações para o álbum antes de partir para o Missouri e lançar a turnê. Escolhi o Missouri como ponto de partida para minha viagem de despedida porque foi lá que minha carreira começara, exatamente meio século antes.

O álbum, *Buddhist and Christian Prayers*, seria lançado em junho de 2009, cerca de um mês após o final da turnê.

O espírito do Beyond Music é encontrar o que há de comum, nossa humanidade, na diversidade, o que se alinha perfeitamente com a minha prática espiritual. Na tradição budista da Soka Gakkai, uma excelente analogia para olharmos a diversidade é o princípio das "flores de cerejeira, ameixeira e pessegueiro".

Mais de 750 anos atrás, Nitiren usou essas frutas para nos ensinar a termos uma perspectiva inclusiva da diversidade, ilustrando que todos, independentemente de raça, gênero, orientação e assim por diante, possuem igualmente a natureza de Buda. Suas palavras lembram-nos de que o Sutra do Lótus abrange todos os seres vivos, sem distinção, e enfatizam que cada um de nós tem um grande valor e um potencial inerente.

Na arte, o pontilhismo é um bom exemplo disso. Se você não está familiarizado com ele, é um estilo de pintura em que as imagens são formadas por pontos minúsculos de cores distintas. Um exemplo famoso é a obra *Uma Tarde de Domingo na Ilha de Grande Jatte*, de Georges Seurat, exposta no Instituto de Arte de Chicago.

Você deve se lembrar desse quadro de uma cena icônica do filme *Curtindo a Vida Adoidado*, quando o personagem de Cameron fica paralisado, olhando para ele enquanto a câmera se aproxima cada vez mais, como um microscópio, revelando cada pontinho de cor. Lembro-me da primeira vez que visitei o Instituto de Arte de Chicago (uma ocasião de "Tina Curtindo Adoidado") e fiquei lá hipnotizada por essa pintura.

Esse estilo valoriza cada cor, cada ponto, por suas particularidades. Seurat acreditava que combinar diversas cores dessa forma tornava sua arte mais exuberante e comovente.

Vejo a humanidade da mesma forma.

Ao honrarmos as origens étnicas, religiosas e culturais uns dos outros, ficamos mais fortes e mais felizes, iluminando a obra-prima cósmica que é o nosso mundo.

Em vez de enfatizar as diferenças, devemos procurar as semelhanças. Nossas diferenças são superficiais, e a melhor coisa a fazer é celebrá-las.

A fé religiosa na qual somos criados é em grande parte determinada pela região onde vivemos e pela origem étnica da nossa família. No meu caso, nasci em uma família afro-americana do Sul dos Estados Unidos. Como a maioria no mesmo contexto, adotamos a tradição religiosa batista.

Embora eu tenha passado de batista a budista, honrei o legado da minha família e valorizo as semelhanças desses dois caminhos.

Os ensinamentos batistas me encorajam a buscar o direito de fazer parte de um paraíso celestial, enquanto o budismo me inspira a atingir a condição de vida duradoura e iluminada do estado de Buda. Embora os objetivos desses dois caminhos espirituais pareçam diferentes, ambos se concentram na criação de um estado de felicidade eterna indestrutível. Para mim, é uma semelhança fundamental.

Conheci pessoas de todo o mundo, de muitas culturas e crenças, e acredito que todas as tradições religiosas compartilham as mesmas aspirações básicas em seu âmago — experimentar a felicidade eterna alinhando-se com as forças positivas do Universo. Podemos descrever essa realidade máxima como Jeová, Deus, Alá, Jesus, Hashem, Tao, Brahma, o Criador, a Lei Mística, o Universo, a Força, a natureza de Buda, a consciência crística ou com qualquer outra expressão que o valha.

Quando entrei para o projeto Beyond, eu me dediquei a me familiarizar com as diversas tradições de fé, bem como a aprender sobre a história dos trânsitos entre essas tradições espirituais. Por exemplo, antes de gravar o álbum *Buddhist and*

Christian Prayers, eu não sabia de nenhum contato em particular entre os budistas e os cristãos dos tempos antigos.

Portanto, foi uma grata surpresa descobrir uma rica história de trânsito inter-religioso.

Descobri que, quando os missionários jesuítas chegaram ao Japão, no século XVI, e observaram os modos budistas de pensar e de viver, remeteram à Europa que parecia que os budistas japoneses haviam desenvolvido uma forma asiática de cristianismo. Ao mesmo tempo, os budistas japoneses registraram que, ao ouvir os primeiros missionários europeus, não acharam a fé cristã questionável, mas viram um terreno comum.

Por décadas, os missionários cristãos no Japão viveram em harmonia entre a grande população budista, até que surgiram tensões enraizadas nas preocupações políticas do xogunato. Foi a política, não a religião, que causou a discórdia entre o povo. Essa lição transcende o tempo e é algo que desejo que mais de nós no mundo de hoje saiba e entenda.

Cerca de 2 mil anos antes de os jesuítas desembarcarem no Japão, o grande rei budista Asoka, da Índia, enviou emissários a terras distantes para ensinar os ideais budistas de compaixão e paz. No século III a.E.C. (antes da Era Comum, uma forma universal de marcar o tempo), aqueles enviados registraram em diários de viagem que entre os lugares que visitaram havia cidades da Grécia e do Egito, incluindo Alexandria.

Talvez o propósito de estar aqui,
onde quer que estejamos, seja aumentar
a durabilidade e propiciar mais momentos
de amor entre os povos.
— **JUNE JORDAN**

•

As pessoas só podem viver plenamente ajudando as outras a viverem...
As culturas só podem concretizar sua riqueza adicional
honrando as outras tradições.
E somente respeitando a vida natural
a humanidade pode continuar a existir.
— **DAISAKU IKEDA**

Cem anos antes das expedições budistas da Índia, Alexandre, o Grande, também viabilizou o trânsito cultural com as regiões indianas. Sabendo disso, é fácil imaginar que a filosofia budista viajou para o oeste, incluindo a região onde Jesus viveu.

Mais tarde, o apóstolo Tomé explorou a Índia e enviou contos de Bodisatvas e da vida de Shakyamuni para o Ocidente. Alguns desses detalhes perpassam os primeiros ensinamentos cristãos e evoluíram para o que agora é conhecido como a escritura dos Santos Barlaam e Josafat, cujos nomes vêm das palavras em sânscrito para "ilustre Bodisatva".

Alguns pesquisadores da religião traçaram raízes comuns entre a mensagem central do amor cristão e a budista de compaixão.

Quando tive falência renal, anos atrás, e precisei fazer diálise, um dos meus livros favoritos que li durante o tratamento foi *A Divina Comédia*, de Dante. Para mim, os nove círculos do inferno que Dante descreve em *Inferno* parecem as antigas representações budistas das condições de vida infernais e da relação de causa e efeito entre a vida terrena e a vida após a morte.

Recentemente, descobri que essa opinião não é só minha, já que estudiosos modernos acreditam que Dante se inspirou em antigas descrições budistas de infernos e lugares gelados de tormento e as incorporou a seu trabalho.

O desejo de buscar a essência do Universo sempre ultrapassou as fronteiras de todas as correntes culturais e espirituais.

Nossa intenção no projeto Beyond era incluir o máximo possível de tradições religiosas. Começamos com o budismo e com o cristianismo — as duas religiões com que temos mais familiaridade. Os álbuns subsequentes expandiram essa ideia, incluindo as tradições hindus da Índia, bem como aquelas das culturas judaica e árabe.

Eu queria que a minha mensagem espiritual para o álbum fosse a mais universal e inclusiva possível. Só não sabia como elaborá-la. Comecei a escrever canções sobre conceitos budistas no final dos anos 1970, mas não as terminava.

Mais tarde, quando me encontrei com o filósofo budista Daisaku Ikeda, ele falou inflamado sobre o potencial da música para cruzar as fronteiras culturais e para inspirar um espírito de determinação nas pessoas. Sempre acreditei que a música é mais do que notas em uma partitura, é uma linguagem, algo que busquei transmitir à minha banda quando lhe disse: "Quando você expressa a música do seu coração, quando a funde com a sua alma, as pessoas que ouvem sua arte ficam muito comovidas."

Como levaríamos essa intenção para o Beyond?

Como estava a caminho dos Estados Unidos para a turnê, decidi fazer uma parada rápida em Carlsbad, Califórnia, para pedir conselhos ao autor Deepak Chopra. Li muitos dos seus livros e há muito tempo admiro sua habilidade de explicar conceitos espirituais ecumênicos a um público amplo.

Como eu esperava, ele foi gentil e solidário, e, quando a visita terminou, ele me deu uma coleção de livros sobre espiritualidade, garantindo-me que as palavras certas viriam a mim na hora certa.

Amo livros e espalhei a nova coleção ao meu redor, sentindo-me uma criança no Natal. Quando comecei a ler, selecionei as palavras e as frases que mais me tocaram e as escrevi em grandes folhas de papel.

Então, peguei todos os papéis e os espalhei pelo chão. Sentada entre aquelas palavras inspiradoras, eu me deleitei em um jardim literário de positividade. No início, fiquei imóvel, deixando aquelas sábias palavras adentrarem a minha consciência por osmose.

Depois, levantei-me e caminhei pelo meu jardim de palavras. Eu sentia um arrepio (ou, como minha amiga Oprah diz, tinha um momento "Ahá!") quando via uma frase ou palavra que me inspirava.

Maya Angelou, uma heroína para muitos de nós, acreditava que "palavras são objetos". Palavras, achava ela, contêm energia e poder. Concordo. As palavras são um dos três tipos de ação (pensamentos, palavras e atos) que criam carma e afetam a nossa condição de vida.

Com isso em mente, escolhi minhas palavras com cuidado. Ao mesmo tempo, tornei o processo animado. Comecei agrupando as folhas. Classificá-las para selecionar minhas favoritas e ordená-las foi um processo divertido. Regula se juntou a mim e nos divertimos tanto que, no final, estávamos rindo como colegiais. Ela sugeriu que eu fixasse minha seleção final na parede e pensasse nelas durante minhas caminhadas diárias.

Um dia seremos capazes de mensurar o poder das palavras.
Acredito que elas são objetos. Elas ficam nas paredes.
Adentram sua pintura. Elas se infiltram em seus tapetes,
em seu estofamento e em suas roupas e, por fim, em você.

— MAYA ANGELOU

•

Existe um lugar para além do certo e do errado.
Encontrarei você lá.

— RUMI

Logo percebi que eu queria condensar a mensagem ainda mais, usando termos não sectários mais simples. Era importante para mim que o maior número possível de pessoas entendesse seu significado. Minha intenção era alcançar todos que estivessem enfrentando alguma batalha ou que precisassem de inspiração para fazer a paz e a felicidade deslancharem dentro de si.

Acabei encontrando as exatas palavras que queria expressar. Enquanto as gravava, fiquei surpresa ao ver que os engenheiros de som e os outros no estúdio foram às lágrimas.

Além da mensagem falada, contribuí com outras gravações para o projeto Beyond que ocupam lugares especiais no meu coração. Para o álbum *Buddhist and Christian Prayers*, gravei o início do *gongyo*, uma seleção do Sutra do Lótus que faz parte da minha rotina de orações budistas. Para o álbum *Love Within*, lançado em 2014, cantei "Amazing Grace", um hino que gostava de cantar no coral da igreja quando criança e que ainda hoje é um dos meus favoritos.

Tenho certeza de que as mensagens que compartilhei nos álbuns da Beyond Music, como as que compartilho agora neste livro, tocarão corações em todo o mundo.

Deixe-me compartilhar com você as palavras que gravei em *Buddhist and Christian Prayers*:

Nada dura para sempre.
Ninguém perdura para sempre.
As flores se desvanecem e morrem.

O inverno passa, e a primavera chega.
Abrace o ciclo da vida; esse é o amor maior que fica.

Vá além da covardia. Vá além da covardia. Ir além dela
é ir aonde o amor cresce, aonde você se recusa
a seguir os impulsos do medo, da sanha e da vingança.

Ir além é sentir a si mesmo.
Comece todos os dias cantando como os pássaros. Cantar
leva você além, além, além, além…

Precisamos de disciplina, de nos aprimorarmos a fundo,
deixar de lado os velhos hábitos. Abra a mente, sustente,
alimente uma nova maneira de encarar o mundo.

Vá além do certo e do errado.
Orar areja o espírito e traz a paz
da alma. Vá além para sentir a harmonia da união.

Cante! Cantar leva você além, além, além, além…

Todos somos um, somos um. Procurando encontrar
nosso caminho de volta à fonte. Àquela, à única.

Vá além da vingança. O melhor momento das nossas vidas
é quando nos permitimos ensinar uns aos outros.

Vá além para sentir a harmonia da união. Cante.
Cantar leva você além, além, além, além...

Comece a jornada.
Comece a jornada dentro de você.
Aquiete-se para ouvir o que está além.
Sossegue para receber o que está além.
Abra-se para o que está além.

Seja grato. Seja grato por permitir o que está além.
Esteja presente para viver além.

Comece todos os dias cantando como os pássaros. Cantar
leva você além, além, além, além...

Onde o amor entra nessa história?
O amor cresce quando você confia.
Quando você confia, o amor cura e renova.

O amor nos inspira e nos capacita a fazer coisas grandiosas.
E nos torna pessoas melhores para amar. O amor nos faz
sentir-nos seguros e nos aproxima de Deus.

Quando você vai além, encontra o amor verdadeiro.
Continue cantando. Cantar leva você além, além, além,
    além...

Sem música, cada dia seria um século.

— MAHALIA JACKSON

A música pode lhe dar forças para mudar
ou para lutar por uma causa, por sua família, por você mesmo.
A música pode lhe dar forças para se reerguer e enfrentar as provações.
Quando você se sente totalmente desanimado, pode,
graças à música, reunir forças para se levantar e mais uma vez
empenhar-se para continuar com todas as suas forças.

— WAYNE SHORTER

Minha amada casa no Lago de Zurique se chama Château Algonquin. A casa recebeu esse nome muito antes de meu marido, Erwin, e eu nos mudarmos, na década de 1990, e não sabíamos o que *Algonquin* queria dizer. Perguntamos a nossos vizinhos, mas ninguém parecia saber. Após investigarmos, descobrimos que é uma palavra que os franceses derivaram da expressão nativa norte-americana para "nossa família" ou "nossos aliados".

Saber que nossa casa tem o nome de um sentimento de união foi uma boa notícia. A unidade é uma mensagem importante para mim, porque acredito que todos somos parentes e aliados.

A sabedoria do Sutra do Lótus aprofundou a minha consciência de que tudo na vida é interconectado e mostrou-me que o que faz com que as pessoas deem importância a separações arbitrárias de "nós" e "eles" é a limitação dos nossos sentidos.

O budismo ensina que todos os seres vivos foram mãe, pai, irmão, filho ou outro ente querido um do outro, muitas vezes, abrangendo vidas infinitas em todos os cantos do Universo. Ainda que não consigamos compreender esse conceito, espero que a ideia abra a sua mente, assim como abriu a minha.

Aqui estamos todos, juntos novamente, vivendo neste planeta maravilhoso. Esta é a nossa realidade. Então, vamos agir como a família extensa que realmente somos e nos comportarmos sempre com gentileza. Citando o Papa Francisco: "Hoje, mais do que nunca, o mundo precisa de uma revolução da ternura."

Testemunhei o poder transformador que cantar orações em harmonia com outras pessoas, de outras culturas, tem; é algo que nos ajuda a nos conectar no âmbito espiritual — e a encontrar um lugar de amor e de respeito no qual as diferenças do cotidiano desaparecem. A música é a ponte universal entre "você" e "eu", "eles" e "nós".

Sinto fortemente que é hora de o mundo ir além da cisão rumo a uma conexão espiritual maior. Devemos nos unir para resolvermos juntos os problemas que enfrentamos.

Como Martin Luther King Jr. disse: "Estamos todos em uma rede inescapável de troca, amarrada pela tessitura única do destino. Qualquer coisa que afeta a um diretamente, afeta a todos indiretamente [...] É a estrutura inter-relacionada da realidade."

Independentemente de você praticar o budismo, como eu, ter outro tipo de prática espiritual ou mesmo nenhuma inclinação sequer, acredito que o mais importante para a sobrevivência e para a prosperidade da raça humana é todos nos unirmos no propósito comum de preservar este belo planeta. Devemos fortalecer nossa noção de pertencimento à comunidade humana, compartilhando nosso oásis celestial não apenas uns com os outros, mas com todo o tipo de vida que há na Terra.

Como o físico Stephen Hawking explicou muito bem, é extremamente improvável que consigamos colonizar outro planeta tão acolhedor, mesmo que o identifiquemos. Os seres humanos não sobrevivem o tempo necessário para viajar as imensas distâncias para encontrar outros planetas como a Terra, muito menos para emigrar para eles.

De acordo com Hawking, se pudéssemos viajar na velocidade da luz para o centro de nossa própria galáxia e voltar, a Terra teria envelhecido 50 mil anos. Não me parece muito viável.

Em vez de fantasiar sobre as pequenas chances de recomeçar em outro planeta, vamos nos concentrar na realidade e direcionar nossas energias para a preservação do *nosso*, aqui e agora.

Só alcançaremos tal propósito se nos unirmos e trabalharmos juntos para resolvermos nossos problemas coletivos. Para isso, precisamos nos unir pelo coração — precisamos estar por inteiro dentro de nós mesmos. Nitiren ensina que indivíduos com propósitos que não se alinham aos seus valores pessoais fracassam, mas um grande número de pessoas pode atingir um objetivo comum se estiverem unidas em prol dele.

O propósito das palavras que escolhi para a minha mensagem em *Buddhist and Christian Prayers* é fazê-lo descobrir a plenitude dentro de você, para, então, unirmo-nos em prol do bem maior.

Na mensagem, na qual a minha voz é embalada por uma música tranquila, incentivo todos a cantar. Sei que alguns de vocês pensaram: "Tina, não sei cantar! Você canta, eu vou só ouvir." Mas quando digo "cante", a voz a que me refiro não é necessariamente aquela que você usa para cantar uma música. Falo do momento em que você se pega fazendo sons do coração.

Minha Mama Georgie me vem à mente. Sempre que ela estava em sua cadeira de balanço, murmurava: "Hummm." Ela me sentava no seu colo enquanto cantarolava, e eu adorava ouvi-la. Não era uma música, apenas um murmúrio. Eu sentia que aquela era a música da sua alma.

Às vezes, ela falava sobre seus avós e bisavós, que eram em parte indígenas norte-americanos, e sobre histórias que eles contavam a respeito dos rios. Talvez eles também a tenham ensinado a ouvir o canto do coração e deixá-lo sair.

"Hummm."

À noite, eu adorava sentar no colo da Mama Georgie, olhando as estrelas e ouvindo seu murmúrio. Eu ouvia o zumbido das cigarras e das rãs a distância, e percebi que, em algum nível, embora eu não tenha articulado essa ideia assim quando criança, há um murmúrio, uma frequência, uma vibração em toda a Mãe Natureza, no Universo. Quando cresci e, mais tarde, comecei a prática budista, os sons e as vibrações do *Nam-myoho-renge-kyo* me lembraram das vibrações da Mama Georgie e da natureza.

Portanto, quando peço que cante, peço que busque a música, seu som exclusivo, dentro de si. Você pode descobrir que é apenas um "huaaa", um falsete ou seu próprio murmúrio. Qualquer som que venha do seu coração é a canção dele.

Acredito que cantar traz à tona as nossas condições de vida mais elevadas e ajuda a iluminar o nosso ambiente. Cantar nos ajuda a acessar a plenitude, abrindo um fluxo de felicidade interior que as circunstâncias externas são incapazes de atingir.

Não faz diferença ser um bom cantor com afinação perfeita ou nem sequer sustentar uma melodia. Libere quaisquer sons ou músicas que goste de cantar e sinta seu espírito voar alto!

VIVA A BEYOND MUSIC

Escaneie estes QR codes para visitar
o site e o canal no YouTube da Beyond

Capítulo Oito

De Volta ao Lar

No santuário da minha casa, em Zurique, subi as escadas para a sala de orações, que fica no segundo andar, para me sentar diante do meu butsudan, o altar esculpido em madeira em frente ao qual gosto de recitar daimoku todos os dias.

Nesse dia em particular, 13 de outubro de 2019, havia um lindo céu azul de outono com nuvens brancas. Através do vidro da janela da sala de oração, vi que as árvores estavam mudando do verde uniforme de verão para tons vibrantes de dourado, vermelho e marrom.

É nesse espaço especial em que pratico o trabalho espiritual de desatar os fios emaranhados do meu carma, tecendo-os na tapeçaria da missão da minha vida.

Ao acender as velas para começar minhas orações matinais, como faço todos os dias desde 1973, sinto o meu corpo se energizar e a minha condição de vida surgir da fonte da minha natureza de Buda. O som do daimoku ressoa nos meus chakras, fazendo os centros de energia do meu corpo girarem, expressando a vibração da minha alma no passado, presente e futuro.

Assim, eu me sintonizo com o ritmo divino do Universo.

Enquanto orava, pensei no musical da Broadway sobre a minha vida, que pré-estreara na noite anterior. Em mais algumas semanas, Erwin e eu iríamos a Nova York para a noite de gala da estreia oficial. Meu aniversário de 80 anos viria logo depois disso.

Desde o início de 2019, eu já dizia às pessoas que estava para fazer 80 anos. Ninguém conseguia acreditar! Ou talvez elas só estivessem sendo gentis comigo! Gosto de me ouvir dizer a palavra oitenta, porque parte de mim já se perguntou se algum dia eu passaria por essa idade e outra parte se perguntava como seria.

Estou feliz em dizer que, graças ao meu amado marido, Erwin, que me deu um dos seus rins, o presente da vida, estou saudável e a cada dia mais apaixonada pela vida.

Também sou grata não apenas por ter sobrevivido, mas por ter também prosperado, para poder lhe entregar este livro com todos os presentes preciosos que me foram dados — os maiores que posso oferecer.

Visto que muitas das minhas experiências espirituais se concentraram em "ver", é particularmente significativo para mim que a publicação deste livro seja no ano de 2020,[1] que entendo como "o ano para ver nitidamente".

---

[1] Data de lançamento da edição original em inglês.

Depois de terminar minhas orações matinais, juntei-me a Erwin para um lanche leve de banana, melão e kiwi, com meu pão integral alemão favorito. Conversamos sobre a estreia na Broadway, pela qual esperávamos há muito tempo.

Durante nossa conversa sobre o musical, uma expressão de que gosto me veio à mente: "Mudar o cenário não muda o roteiro." Na linguagem do teatro, significa que, se quer melhorar sua situação, é inútil mudar de ambiente antes de mudar a si mesmo. Em outras palavras, você pode fugir do seu carma, mas, se não mudou a si mesmo, não pode se esconder dele.

Por anos, tive dificuldade em explicar às pessoas por que permaneci no meu primeiro casamento, mesmo depois de começar a praticar o budismo. Quero explicar o porquê.

Senti que, até que estivesse pronta para dar conta de mim, até que tivesse acumulado força espiritual suficiente para me libertar dos padrões negativos que me enredaram, fugir não geraria uma mudança duradoura. Embora demorasse, tive que me salvar de dentro para fora. Só então mudar o cenário me ajudaria.

Depois que Erwin e eu terminamos o café, recebemos a notícia dos produtores do musical em Nova York de que a pré-estreia tinha sido um grande sucesso. Grata por isso, voltei a atenção para o resto do meu dia.

Para ser sincera, assim que terminei as minhas frutas, já estava pensando no que queria para o jantar daquela noite. Eu nem tinha me levantado do nosso café quando pensei: *Acho que vou fazer um bom macarrão ao alho com vegetais e salada.*

Adoro as coisas simples da vida, como vegetais frescos. Isso é parte da bondade, o "valor do coração" que mantenho comigo desde quando era uma garota do interior. Posso parecer uma grande dama agora, mas ainda me considero Anna Mae.

Quando eu era criança, nunca desperdiçávamos nada, principalmente comida. Trabalhávamos tanto para cultivá-la que a respeitávamos. Acho que, se as pessoas conhecessem os recursos e os esforços necessários para produzir a comida em sua mesa, nunca desperdiçariam nada.

Devemos honrar a Mãe Terra valorizando os seus recursos.

Tudo e todos têm valor, incluindo as experiências. Sempre guarde o valor das suas experiências, em particular o aprendizado depreendido das negativas, para nunca as repetir.

Quando digo *valor*, quero dizer qualquer coisa que aprimore sua vida ou sirva para o seu crescimento. Pode ser um conhecimento que ganhou com uma experiência ou uma memória inspiradora de algo que preza. Se foi uma situação negativa ou uma interação com pessoas que prefere esquecer, mesmo que não veja nenhum valor nisso, pense que é útil para você nunca se comportar da mesma forma. Isso é valioso por si só.

O direito de usar meu nome profissional, Tina Turner, foi o valor que mantive desde o meu primeiro casamento, quando deixei todo o resto para trás.

A Terra tem o suficiente para satisfazer as necessidades de todos,
mas não para satisfazer a ganância de todos.
— **MAHATMA GANDHI**

•

A paz está inextricavelmente ligada
ao nosso amor e ao nosso respeito pela Mãe Terra.
— **CORETTA SCOTT KING**

•

A humanidade não teceu a teia da vida.
Nós somos apenas um fio nela.
Tudo o que fazemos com ela, fazemos a nós mesmos.
Todas as coisas estão ligadas. Todas se conectam.
— **CHIEF SEATTLE**

Após passar dois anos em litígio, discutindo com meu ex sobre quem receberia o quê no divórcio, fui arrebatada por um lampejo de sabedoria. Enquanto eu recitava daimoku, minha voz interior me disse: *Afaste-se de tudo o que está relacionado a ele. Deixe o passado para trás. Deixe ele ficar com tudo. Limpe sua vida e recomece.*

Então, eu disse ao juiz que mudaria minha petição de divórcio. Eu não queria nada — apenas meu nome artístico; trabalhei demais para perdê-lo assim. E fiquei com ele.

Isso não quer dizer que confundi minha identidade pessoal com minha imagem profissional. Sempre entendi que não sou minha profissão, e essa noção manteve os meus pés no chão e me manteve centrada e mentalmente sã.

Anna Mae veste o manto mágico de Tina Turner para compartilhar entretenimento e inspiração com o mundo. Honro e respeito minha imagem pública *e* a pessoa que sou em casa. Mas, no final do dia, sei que a minha identidade mais verdadeira é meu eu maior, a parte de mim que infunde minha vida com compaixão e um desejo de espalhar esperança para os outros.

Acredito que é crucial termos uma compreensão saudável da diferença entre nossos papéis no mundo e nosso verdadeiro eu. Todos desempenham papéis diferentes em momentos diferentes, dependendo das circunstâncias. Mas espero que se lembre sempre de que você é muito mais do que uma função.

Manter minha imagem profissional de Tina Turner foi um triunfo, mesmo que de imediato eu não tenha sido compensada. Em termos materiais, tinha pouco — dois carros e montanhas de dívidas —, mas, em termos espirituais, sentia que tinha o mundo.

Ganhei minha independência. Para mim, isso era tudo.

Havia momentos em que eu chorava copiosamente enquanto recitava, orando pelo meu futuro, mas apreciando o fato de estar viva. Comecei a amar a mim mesma e à minha vida, mesmo sem nada (ainda) que demonstrasse isso. A pequena Anna Mae finalmente se encontrou, e foi a mais doce das boas-vindas. O que poderia ser mais valioso do que isso?

Agora, isso não quer dizer que tudo eram flores. Embora eu sentisse felicidade e liberdade como nunca, criar a vida que eu queria foi um trabalho árduo. Enfrentando os ventos de processos judiciais, dívidas, dramas familiares e perseguindo objetivos de carreira aparentemente inalcançáveis, comparei o estrondo do trovão da impossibilidade com o meu rugido do *Nam-myo-ho-renge-kyo*.

Nessa intensa batalha espiritual, evoquei minha sabedoria interior mais profunda, e, um dia, a luta interior acabou. Deixei de lado todas as dúvidas e os pensamentos limitantes. Deixei de lado o que meu Eu Menor dizia ser possível ou impossível.

Venci a luta mais importante de todas. Pela primeira vez na vida, eu me vi. Que alívio, libertador! Mesmo que eu não gostasse de muitas das coisas que via, sabia que poderia mudá-las, o que foi uma epifania poderosa, que me encheu de esperança. Agora, eu era a roteirista, diretora e produtora da minha vida.

Embora nada no meu ambiente tivesse mudado muito, pelo menos não na superfície, uma vez que minhas batalhas espirituais internas foram vencidas, eu sabia que era apenas uma questão de tempo até que as mudanças internas se refletissem no meu mundo exterior.

Também percebi que preciso me dispor a deixar a minha zona de conforto antes de poder voar de verdade, assim como os pássaros devem largar o galho para voarem alto.

Passei muito tempo suportando dificuldades até poder transformá-las em sonhos realizados, mais tempo do que gostaria ou até imaginaria. Mas sou feliz por nunca ter desistido e por me manter buscando o que eu queria, tanto para mim quanto para os outros. Isso tornou as vitórias ainda mais significativas. Olhando para trás, vejo que demorei para crescer, porque fui prejudicada por uma infância tumultuada. Definitivamente, tive um florescer tardio.

Depois do derrame, ao ler sobre a função e o desenvolvimento do cérebro, aprendi que, quando uma pessoa é criada em um ambiente de instabilidade e de disfunção crônica, as sinapses do cérebro são prejudicadas. Talvez essa tenha sido uma das desvantagens que tive no início e uma das razões do meu atraso.

Qualquer que seja a causa de uma desvantagem na vida, a única coisa que realmente importa é o que fazemos a respeito dela e como vivemos daquele momento em diante.

Qualquer que seja o momento da sua vida, siga sempre em frente, correndo como um rio poderoso, sempre em frente.

Agora que meu rio passou dos 80 anos, dentro do meu coração, me sinto mais jovem do que nunca. Minha prática espiritual me estimula a viver cada dia com consciência do presente e me lembra de manter meus olhos no futuro. Com todos os desafios de saúde que enfrentei, cada dia é uma bênção extra e uma cereja mais doce no bolo da minha vida.

Gosto de lembrar que crescer e amadurecer não são necessariamente a mesma coisa. Como disse o autor suíço-alemão Hermann Hesse, quanto mais amadurecemos, mais a juventude cresce dentro de nós. Que sentimento lindo!

Não importa a sua idade, à medida que amadurecer, espero que a juventude sempre cresça em você e que siga em frente.

Se chegar a um impasse e não tiver certeza de como seguir em frente, encontre uma área da vida na qual possa melhorar e avançar, mesmo que seja um passo mínimo.

Não espere até achar que é bom o suficiente em fazer algo novo antes de se aventurar em um território desconhecido. Se todos nós esperássemos o que julgamos a perfeição antes de enfrentar um novo desafio, nada jamais seria realizado.

Meus filhos adoravam estar na água quando eram pequenos, então contratei um professor de natação para eles. Mas imagine se eles se recusassem a entrar em uma piscina até aprenderem a nadar. Eles teriam esperado muito tempo e nunca teriam se tornado grandes nadadores. A maneira de aprender a nadar é mergulhar na água e executar os movimentos com alguém que lhe mostre como se manter à tona e como deslizar com facilidade.

Se há algum avanço que você está adiando porque acha que não é bom o suficiente para começar, vá em frente, mergulhe!

Mude a sua vida hoje.
Não deixe para o futuro,
aja agora, sem esperar.
— **SIMONE DE BEAUVOIR**

•

Tudo o que você pode fazer ou sonhar, comece.
A ousadia tem genialidade, poder e magia.
— **JOHN ANSTER**

•

É bom ter um fim para a jornada,
mas, no final, a jornada é o que importa.
— **URSULA K. LE GUIN**

Cada um realiza sua revolução humana em seu próprio ritmo. Minhas maiores transformações aconteceram mais tarde na vida. O progresso pessoal não é uma corrida, então não tenha pressa e siga no seu tempo.

Lembre-se sempre de que a sua história não é a sua identidade. Temos a chance de nos recriar e de recomeçar a cada dia.

Meu sucesso como artista solo veio depois de muitas recalibrações e vitórias conquistadas a duras penas — nada foi fácil — e levou muito tempo. Mas, quando a revolução ocorreu, foi sísmica. De repente, aparentemente da noite para o dia, Tina Turner estava em toda parte. Na rádio, na MTV, nos talk shows, no *Mad Max: Além da Cúpula do Trovão*, nos estádios fazendo shows, nas revistas e nas músicas de fundo do dentista.

Como uma erupção vulcânica, minhas descobertas resultaram de uma tremenda quantidade de energia, acumulada por longos períodos, de atividades que eram principalmente privadas, como meus preparativos para o trabalho até altas horas, o daimoku, as leituras e os momentos de reflexão sobre meus atos. Todo o tempo, mantive este ditado de Nitiren no meu coração: "Se houver virtude invisível, haverá recompensa visível."

A maior recompensa visível do meu trabalho nos bastidores foi poder tocar ao vivo para milhões de pessoas durante a minha carreira.

Essa conquista foi algo pelo qual orei e que visualizei repetidamente. Eu queria tocar o coração do maior número possível de pessoas com a minha música e com os meus shows.

Também visualizei vários Grammy, que se tornaram realidade quando os ganhei com meu álbum *Private Dancer*.

Fico com os olhos marejados de pensar nisso agora. Também fico assim quando me lembro dos dias, há muito tempo, na casa dos 30 e 40 anos, em que visualizava meu futuro marido e nossa casa. Quando me sentei com Erwin esta manhã, para o café, tive um *déjà vu* e percebi que nosso amor e nossa casa são exatamente o que sonhei há muito tempo.

Nossa casa no Lago de Zurique fica relativamente perto de pastos, o que me lembra de Nutbush, mais um motivo para eu sempre ter gostado da Suíça. É difícil exprimir, mas de alguma forma a Mãe Natureza me embala aqui com um amor que vem de fora e de dentro de mim. Esse amor motivador foi o tema do álbum de 2014 da Beyond, *Love Within*.

Fui filha de uma mulher que não me queria. Sua rejeição me levou, mais tarde na vida, a buscar o amor em situações doentias, uma busca infrutífera que deturpou tanto a imagem que eu tinha de mim e a minha condição de vida que eu atraía e tolerava níveis insanos de abuso.

Compartilhei em *Love Within* a cura que a prática espiritual me proporcionou. Independentemente de termos recebido o amor motivador de uma mãe ou de qualquer figura paterna, como adultos, podemos ser essa fonte para nós mesmos.

Encontrar esse "amor maternal" interior tem um tremendo poder de cura e sedimenta nossa habilidade de perdoar a nós mesmos e aos outros. Desenvolver meu amor-próprio e revelar a luz da minha natureza de Buda foi o segredo para eu abraçar a jornada da minha vida, incluindo todas as minhas falhas e imperfeições. Foi assim que encontrei meu verdadeiro eu.

Ao me encontrar, descobri que tenho as chaves para abrir tudo de bom que o Universo oferece, assim como você.

Você é tão capaz de amar a si mesmo e de acessar sua natureza de Buda quanto eu. Saibamos ou não, todos nós temos essa chave dentro de nós para destrancar os portões da nossa própria salvação e abrir as portas para os nossos sonhos.

Esse farol de luz "búdica" em nossos corações e mentes pode atrair tudo de que precisamos para atingirmos a plenitude do ser; basta que o revelemos. Quando o fazemos, percebemos que todas as mudanças que desejamos fora de nós começam internamente.

Voltar para o nosso verdadeiro eu leva tempo, mas, como diz o velho ditado, paciência é uma virtude. E, se há uma virtude que tenho em abundância, é a paciência. Sou muito grata por isso e sei que ela decorre da minha prática espiritual.

Nas escrituras budistas, outro nome para Buda é "aquele que consegue suportar". Sempre que você enfrentar desafios, lembre-se com orgulho de que está demonstrando uma característica nobre do estado de Buda.

Há uma expressão que diz que pessoas feridas ferem outras pessoas. Se você foi ferido, deve se curar, e não ferir outra pessoa (nem a si mesmo). Não tenho dúvidas de que Ike era uma dessas pessoas feridas, mas, mesmo depois do divórcio, demorei para conseguir sentir compaixão por ele.

Os desafios lhe mostram coisas sobre você mesmo
que você nunca soube. Eles são o que faz
as fronteiras se expandirem,
o que o faz ir além dos padrões.
— CICELY TYSON

·

Você não é julgado pela altura que atingiu,
mas pela profundidade que acessou.
— FREDERICK DOUGLASS

·

Um dos maiores presentes que pode dar a si mesmo é perdoar.
— MAYA ANGELOU

Acabei percebendo que Ike devia sofrer um inferno dentro de si mesmo para tratar a mim e a nossos filhos como tratava.

Graças aos meus muitos anos de recitação de daimoku e cura, descobri que sou capaz de perdoá-lo.

Não costumo falar publicamente sobre o perdão. Às vezes, as pessoas ficam com uma ideia errada quando digo que perdoei quem me causou dor. Perdoar as pessoas pelos erros que elas cometeram não é o mesmo que aceitar ou tolerar suas ações negativas. A lei de causa e efeito é certeira, e ninguém escapa dos efeitos das suas próprias ações, perdoadas pelos outros ou não.

Considero seriamente a importância do perdão e de refletir sobre os nossos atos, em vez da culpa. Principalmente, para o meu próprio bem, porque percebi que a única pessoa prejudicada por me segurar à dor do meu passado sou eu.

Também na sociedade, ao nos levantarmos contra as más ações e injustiças, devemos manter a paz, o amor e o perdão em nossos corações para que nossos poderes espirituais cresçam. É apenas quebrando os ciclos de negatividade que ajudamos a nós mesmos e os outros a se elevarem.

Ressentimentos, raiva e desejo de vingança contra os outros, assim como agarrar-se a qualquer parte das experiências negativas pelas quais passamos nas mãos dos outros, são as pesadas correntes com as quais a negatividade nos prende.

Por que alguém desejaria isso?

A mentalidade libertadora que se baseia em perdoar e em refletir sobre os próprios atos se aplica a todas as experiências do nosso cotidiano, não apenas às grandiosas. Sempre que nos sentirmos irritados, aborrecidos ou incomodados, devemos nos lembrar do sedimento dentro de nós (como vimos no Capítulo Quatro) e nos perguntarmos se queremos aumentá-lo ou diminuí-lo. Se a resposta for diminuí-lo — como espero que seja —, o próximo passo é entender o que quer que tenha acontecido como uma oportunidade de sedimentar nossa sabedoria e compaixão, abandonar a negatividade e purificar nosso carma.

Depois que comecei a ver as situações perturbadoras como oportunidades de transformação, os padrões cármicos que antes me atormentavam desapareceram. Aprendi a lição universal de que se apegar a culpar os outros prolonga a dor e a acolhe.

Assumindo a responsabilidade por eventuais contribuições que eu possa ter feito para uma experiência negativa, deixo-a para lá e me liberto para sempre. Foi assim que curei as feridas do meu coração, com compaixão tenaz por mim e pelos outros.

Ao nos curarmos, ajudamos nossos filhos, e os filhos dos nossos filhos, a serem inteiros ao começarem suas jornadas pela vida. Nos últimos dez anos, tive o prazer de trabalhar com crianças de diversas origens, compartilhando a mensagem de que elas têm um mundo interno poderoso que afeta o externo.

Nesses workshops para jovens, explico o que gostaria de ter aprendido quando criança — que todos temos condições de ter vidas positivas e negativas dentro de nós, e que cabe a nós tomarmos decisões e atitudes que elevem a positividade para que sejamos felizes. A essência desses workshops está no álbum *Children Beyond*, que recebeu uma resposta encorajadora de famílias em todo o mundo que o utilizam para abordar com seus filhos o respeito e a unidade de forma ecumênica.

Quando penso nas crianças, minha mente se enche de memórias dos meus filhos amados. Perdi meu filho Craig no verão de 2018, enquanto estava em Paris com Erwin para comemorar nosso aniversário e assistir ao desfile de moda do nosso amigo Giorgio Armani. Depois do show, eu estava exausta, prestes a ir para a cama, quando Erwin recebeu uma mensagem urgente de Los Angeles.

Fomos avisados de que Craig cometera suicídio.

Já se passaram quase dois anos até hoje, enquanto escrevo isto, mas sinto mais falta de Craig do que nunca. Meu filho mais novo, Ronnie, e eu sabemos mais do que ninguém que Craig sofria de uma profunda solidão, que acredito estar relacionada à depressão clínica. Ele tinha amigos maravilhosos e era próximo do irmão e da cunhada, mas sofria calado. Foi só depois de sua morte repentina que comecei a entender que Craig enfrentava sérios desafios de saúde mental, problemas que ele não estava apto a superar sozinho.

Infelizmente, ainda existe um estigma sobre as questões de saúde mental que muitas vezes impede as pessoas de procurarem ajuda. Isso se intensifica com os homens, e acho que é ainda pior com os homens negros, como meu filho. Durante grande parte da vida adulta de Craig, ele usou o álcool para lidar com os seus problemas, o que só serviu para agravá-los, e temos certeza de que o álcool também influenciou a sua morte.

No final de julho de 2018, celebramos a vida de Craig com dois belos memoriais, um para parentes e amigos mais próximos e outro aberto ao público. Ambos foram homenagens maravilhosas a toda a bondade que ele compartilhou com o mundo, sua generosidade, humor, sinceridade e muitos talentos (ele era um chef incrível, por exemplo). A falta que Craig faz será eterna.

Uma das mensagens que compartilhamos no memorial de Craig, que espero que impacte sua vida, foi esta:

"Se você ou alguém que conhece sofre de problemas de saúde mental, peça ajuda."

Os problemas de saúde mental são iguais aos de saúde física — ambos requerem atenção e tratamento. Se você tem uma doença física, como um braço quebrado, uma febre que não se acaba, diabetes ou qualquer outra, deve ir ao médico. Você não sofreria em silêncio e tentaria lidar com ela sozinho. Os problemas de saúde mental são igualmente graves, se não mais, e requerem ajuda profissional.

Não tenho certeza se a solidão de Craig e os problemas relacionados foram agravados por influências como as redes sociais e dependência de dispositivos eletrônicos. Mas, desde sua morte, em 2018, notícias sobre a epidemia da solidão, principalmente entre os jovens, chamam a minha atenção. Os adolescentes são hoje o grupo mais solitário, experimentando níveis de solidão que ultrapassam até mesmo os das gerações mais velhas (como a minha), que normalmente relatam níveis muito altos de solidão aguda. Vivemos uma crise de saúde mental.

Podemos curar doenças físicas com remédios,
mas a única cura para a solidão, para o desalento
e para a desesperança é o amor.
— MADRE TERESA

•

A pior solidão é não estar confortável
com você mesmo.
— MARK TWAIN

•

Você precisa perceber que a sua verdadeira casa está dentro de você.
— QUINCY JONES

Essa crise não me surpreende. Em todos os lugares a que vou, vejo pessoas olhando para seus smartphones e ignorando, ou até esquecendo, as outras ao redor. Em algum momento, a palavra *amigo* perdeu seu sentido real e passou a incluir pessoas que você mal conhece e com as quais interage apenas online.

Parece-me que, embora as redes sociais tenham começado com um intuito de socializar, em grande parte, se tornaram uma "rede antissocial". As gerações mais jovens são, de longe, as que mais sofrem com esta nova realidade. Receio que este seja um sintoma de que a nossa evolução tecnológica está ultrapassando a espiritual.

Quando terminei a 6ª série, menos de 10% das famílias dos Estados Unidos tinha televisão. Minha exposição à mídia de massa acontecia pelo rádio ou por um filme ou outro no cinema. Agora, bilhões de pessoas têm televisão, filmes e quantidades quase ilimitadas de outras informações (e de desinformações) nas pontas dos dedos. Isso me preocupa.

Não me entenda mal. Gosto de ler as mensagens nas minhas contas online, como qualquer pessoa. Mas também sei que o meio digital pode ser bastante tóxico, com muitas pessoas não tão gentis com as outras quanto os meus fãs são comigo.

Distorções comuns no mundo online — imagens manipuladas e compartilhamento seletivo, que mostram as pessoas desfrutando de uma vida aparentemente despreocupada e "perfeita" — prejudicam a mente, em particular a dos jovens. Pelas prioridades que vejo hoje no mundo online e nas mídias em geral, não é de admirar que muitas pessoas pensem que a maior aspiração da vida é se tornar bilionário. Não é de admirar que as pessoas se sintam cada vez mais divididas e solitárias.

Na realidade, o que mais precisamos agora são legiões de bilionários de coração, multidões de mestres da mente e modelos da paz, da igualdade e da união em meio à diversidade. Acredito que é isso o que as gerações futuras precisam perceber.

Espero que, de alguma forma, em um futuro próximo, os vários venenos tecnológicos que a sociedade está enfrentando sejam transformados em remédios curativos.

No momento, a melhor solução é simplesmente passar menos tempo em smartphones, tablets e computadores e mais uns com os outros, seres humanos reais, cara a cara, coração a coração.

Quando estou em casa com Erwin, fazemos questão de não nos distrairmos com telefones durante as refeições. Não que telas e dispositivos sejam os únicos culpados. Muitas vezes acho difícil me afastar do livro que estou lendo — sei que vai se identificar se também gosta de ler. Mas resisto, porque nenhum romance se compara a ficar com o meu amado parceiro.

Sei que a última coisa que alguém deseja fazer é pensar na morte, mas, como alguém que a enfrentou inúmeras vezes, estou plenamente ciente de que a vida é curta e pode terminar a qualquer momento. Estar sempre atenta ao tempo limitado que temos aqui na Terra e aproveitá-lo ao máximo, visando ao bem de todos, também faz parte da minha prática espiritual.

Quero passar o tempo precioso que me resta — ou o que resta a meus entes queridos — colada a uma tela eletrônica?

Depois que esse tempo passa, ele se acaba de vez, e não quero desperdiçá-lo.

Então, se você tem dificuldade em se imaginar se desligando das telas para ter interações cara a cara com as pessoas que ama, lembre-se de que não sabe por quanto tempo você ou elas ficarão por aqui. Isso o ajudará a quebrar esse hábito, prometo.

Afastar-nos das telas não apenas nos dá mais tempo para termos interações diretas com os nossos entes queridos, mas também nos abre oportunidades para falarmos com estranhos na rua, no café e fazermos novos amigos. É importante sairmos da bolha e conhecermos pessoas de origens diferentes, para abrir nossas mentes e evitar o isolamento das pessoas em câmaras de eco que ressoam apenas suas próprias opiniões.

Devemos fazer nossa parte para evitar que se ergam muros entre um coração humano e outro. Devemos conter a tendência de os vizinhos não se conhecerem mais, enquanto buscam um senso de identidade compartilhada com pessoas em outros lugares, talvez até em outros países, separando-se em grupos raciais, religiosos ou nacionais. Essa fratura da sociedade é insustentável.

Todos nós temos vários traços em nossas identidades. Minha identidade incluiu muitos ingredientes nesta vida: filha, irmã, batista, cantora, norte-americana, mãe, budista, atriz, cidadã suíça, esposa e muito mais. Mas a identidade central mais importante que compartilho com você é a mesma de todas as outras pessoas neste planeta: a humana.

Acredito que somente despertando para essa identidade compartilhada podemos nos salvar, individual e coletivamente, dos problemas que enfrentamos em todo o mundo. Devemos trabalhar juntos com urgência para transformar em remédio os venenos globais do racismo estrutural, da homofobia sistêmica, da crise climática, das pandemias, da devastação da Amazônia, da criação de animais para o abate, do consumo de combustíveis fósseis, das armas nucleares, da poluição e muito mais.

A solução universal para todos os problemas que a humanidade enfrenta é nos unirmos como um único time global, honrando nossas raízes legítimas de membros do mesmo círculo de vida.

Unirmo-nos, compartilhando esse espírito, é o que espero e oro para as gerações futuras.

Foi exatamente isso o que senti quando um arco-íris de humanidade deu as boas-vindas a mim e a Erwin na Big Apple, em 7 de novembro de 2019. Fomos à cidade para a noite de estreia de *Tina: The Tina Turner Musical*, e, caminhando pelas movimentadas ruas da cidade de Nova York, fiquei emocionada ao chegar ao Lunt-Fontanne Theatre e ver a placa dourada reluzindo o meu nome.

A festa de gala da Broadway celebrando meu musical naquela noite foi emocionante e feliz, amei cada minuto. Todos os convidados se divertiram muito, e fiquei muito orgulhosa.

De volta para casa, em Zurique, na semana seguinte, Erwin e eu passamos um momento tranquilo no jardim, observando o céu do final do outono, que logo se tornou um pôr do sol carmesim.

Você realmente pode mudar o mundo se importar-se o suficiente.
— **MARIAN WRIGHT EDELMAN**

•

Nunca desista de fazer
o que você realmente quer.
No terreno dos sonhos, do amor e da inspiração,
é impossível errar.
— **ELLA FITZGERALD**

•

Você é seu bem mais precioso.
— **TONI MORRISON**

Erwin e eu paramos antes de entrar em casa, ouvindo a distância um lindo canto de pássaros. À medida que o som diminuía, caminhamos para a cozinha, onde preparamos um jantar adorável. Conversamos sobre meu próximo aniversário, o número 8 e a idade de 80, importantes para a tradição espiritual.

Amante de livros que sou, pesquisei sobre esses tópicos e encontrei todos os tipos de informações interessantes.

Nitiren disse que o Buda Shakyamuni resumiu todo o Sutra do Lótus em oito caracteres, que se traduzem como: "Você deve se levantar e cumprimentá-los de longe, mostrando-lhes o mesmo respeito que teria com um Buda." Isso indica que o espírito do Sutra do Lótus e, por extensão, do *Nam-myoho-renge-kyo*, deve mostrar um profundo respeito por todos os seres vivos.

Muitas culturas asiáticas consideram o número oito auspicioso, representando boa fortuna, abertura e crescimento. Isso porque o caractere do oito, na escrita tradicional japonesa e chinesa, parece um caminho que se expande, ou uma porta que se abre, o que é visto como sinal de sorte.

Diz-se que, quando Shakyamuni tinha 80 anos, persuadiu os líderes de um grande e poderoso reino decidido a conquistar seus conterrâneos para que largassem as armas e buscassem uma coexistência pacífica.

Também foi dito que Moisés tinha 80 anos quando falou ao faraó em nome de seu povo.

E a flor de lótus, o símbolo universal do budismo, tem oito pétalas, e é por isso que o número oito me lembra dela. Então, quando visualizei meus 80 anos, vi 10 flores de lótus de 8 pétalas de cores variadas girando no céu, como uma cena vibrante de um filme de Bollywood.

Quando falo sobre a importância de se tornar octogenária, às vezes as pessoas perguntam: "Se você pudesse voltar no tempo e mudar algo em seus 80 anos de vida, o que seria?"

A minha resposta? Nada.

O bom e o ruim, o feio e o belo, todos me constituíram. Honro minha jornada por inteiro. Mudar o passado significaria mudar a mim. E eu gosto de mim, do jeito que sou. Por que iria querer mudar alguma coisa?

Dependendo de quem faz a pergunta, rebato com uma resposta mais profunda e filosófica, neste espírito:

"Já mudei meu passado, transformando veneno em remédio e elevando a minha condição de vida, o que transforma a minha percepção do que aconteceu. Nossa percepção determina a maneira como os eventos nos afetam. Portanto, quando a mudamos, efetivamente mudamos o passado também.

"Em outras palavras, uma vez que passado, presente e futuro estão perfeitamente conectados, uma mudança no momento presente tem o poder de afetar tudo, em todas as direções do espaço e do tempo."

Às vezes, quando dou essa resposta, dizem que pareço um mestre Jedi de *Star Wars*, então não a compartilho com frequência. Mas espero que tenha gostado de lê-la.

Em um nível ainda mais profundo, aceito com alegria e gratidão tudo o que passei, porque acredito que cada detalhe da minha vida foi tanto o meu carma quanto a minha missão.

Todos nascemos com uma missão, com um propósito que só nós podemos cumprir.

Quando você vive com um alegre senso de propósito, quando infunde em sua vida um propósito maior, além do seu eu individual, cada aspecto do seu carma pode se tornar uma faceta brilhante da sua missão. Você pode transformar tristeza e adversidade de qualquer tipo em alegria, estabilidade, saúde e prosperidade. Ao transformar o veneno em remédio e realizar sua revolução interior, você pode usar todas as experiências cármicas para encorajar outras pessoas que sofrem dos mesmos problemas que você superou.

Você pode se tornar um embaixador da esperança, um tesouro essencial e radiante da humanidade, reconhecendo que todos os que já viveram são membros da sua extensa família.

À medida que espalhar luz, fazendo o bem no mundo, essa energia volta para você como uma abundância de positividade. Quando se recusa a perpetuar qualquer mal que lhe tenha sido feito, consegue se libertar das cadeias da negatividade.

Use sua vida em prol da paz e da benevolência.

Reerga-se até escalar o topo dos seus sonhos mais felizes.

Espero que o que eu trouxe neste livreto seja útil para você em sua ascensão a novos patamares de realização.

Obrigada por me deixar compartilhar minha vida com você. Obrigada por abrir seu coração e sua mente às minhas palavras.

Desejo-lhe felicidade na sua jornada para alcançar a plenitude do ser, e lhe dedico este pensamento final, meu maior desejo e oração por você:

por favor
nunca desista;

vá em frente,
torne o impossível possível;

transforme
o veneno em remédio;

assim,
você será verdadeiramente feliz,

porque terá encontrado
a plenitude do ser,

definitivamente.

Sua

Tina

POSFÁCIO

Taro Gold e Regula Curti

TARO GOLD: A força da natureza que é Tina Turner me surgiu na véspera do Ano-Novo de 1981. Eu tinha acabado de fazer 12 anos e estava de folga da primeira temporada nacional da companhia, em cartaz com o musical da Broadway *Evita*.

Não me lembro de nada daquela noite antes de ligar a TV. O que lembro é o seguinte: quando a tela se iluminou, uma mulher que não reconheci cantava e dançava, iluminando o palco em um turbilhão de energia e magnetismo.

De onde surgiu essa mulher?, eu me perguntei.

Chamei minha mãe para ver — talvez ela reconhecesse aquela mulher misteriosa, já que elas pareciam ter a mesma idade.

"Faz anos que não a vejo!", disse minha mãe, "mas tenho quase certeza de que é a Tina. Ela está incrível!"

"Que Tina?", perguntei.

"Tina Turner."

E, assim que ouvi o nome dela, Tina terminou a apresentação e foi embora. Foi uma primeira impressão poderosa que deixou sua energia atemporal gravada na minha psiquê.

Não me lembro de tê-la visto novamente até que sua música "What's Love Got to Do With It" tomou o planeta de assalto, em 1984. Logo sua presença vibrante estava em toda a mídia, e minha mãe costumava encher nossa casa com o som da obra-prima de Tina, o álbum *Private Dancer*.

REGULA CURTI: Minha primeira experiência com Tina Turner foi em 1983. Eu tinha 27 anos e estava passando por um período difícil na minha vida.

Cresci em uma família suíça cosmopolita, em uma sociedade conservadora. E, no entanto, também era uma época de emancipação das mulheres. Dividida entre ser uma filha obediente que queria agradar os outros e meu lado rebelde e selvagem, eu achava que nunca me encontraria de fato.

Por ter ingressado nas Forças Armadas suíças aos 20 anos, onde as mulheres tinham direitos e deveres iguais, eu tinha uma visão mais ampla da feminilidade moderna. Mesmo assim, morando com meu primeiro marido em uma pequena vila suíça em um valezinho, meu medo de ser enterrada viva — simbólica e literalmente — crescia.

Tudo mudou em uma noite fria de dezembro no Centro de Convenções de Zurique, onde testemunhei Tina eletrizar o pal-

IMAGEM 1

Esta sou eu na década de 1970, lendo sobre o princípio de "transformação do veneno em remédio", que me ajudou a mudar minha vida.

Um momento feliz do "dia memorável"
da minha história, descrito no Capítulo
dois, me divertindo muito com Cher em
seu programa de televisão, em 1977.

Estou orgulhosa da mãe Tina,
compartilhando uma risada
com meus amados filhos Craig
(esquerda) e Ronnie (direita) em
casa, em Los Angeles, em 1979.

Relaxando na minha cadeira de diretor
personalizada do filme Tommy, com
parte da minha querida coleção de
livros adornando a parede da nossa sala.

Polindo a minha vida por meio da
recitação do Sutra do Lótus e do
Nam-myoho-renge-kyo durante
minhas orações matinais.

IMAGEM 6

Fazendo minha
melhor pose de poder
da Mulher-Maravilha
e sentindo o arco-íris
alto enquanto minha
carreira solo começava
a decolar, no início
dos anos 1980.

IMAGEM 7

IMAGEM 8

Cantei com todo o meu coração durante o Festival Budista da SGI pela Paz em Washington D.C., 1982, onde jurei sempre levar esperança às pessoas por meio de minha música.

IMAGEM 9

Recitando daimoku com gratidão na cidade de Nova York no final de semana em que meu filme *Mad Max: Além da Cúpula do Trovão* se tornou um sucesso de bilheteria no verão de 1985.

Emocionada e honrada ao receber
o Prêmio Essence, em 1993, depois
que minha querida amiga
Ann-Margret me surpreendeu com
uma homenagem no palco.

Distribuindo abraços no St. Jude
Children's Research Hospital, que
apoio com orgulho, de meu estado
natal, Tennessee, em 2000.

Olhando pela janela da sala de orações no segundo andar de minha casa, mergulho na bela vista dos convidados que chegavam para o meu casamento em julho de 2013.

Minha alegria foi clara ao retornar ao estúdio Beyond, em 2017, durante um interlúdio de boas-vindas entre tratamentos médicos.

IMAGEM 14

Amo passear pelo jardim antes das minhas orações noturnas, enquanto o sol se põe sobre o Lago Zurique.

co, dançando com seu jeito indomável em um vestido vermelho brilhante, como um raio de glamour.

Enquanto ela enchia o ar com sua voz expressiva, eu sentia que a energia, a liberdade e a força vital daquela mulher diante dos meus olhos não tinham limites. Meu coração se encheu instantaneamente vendo sua performance. Senti que havia mais que eu poderia fazer, mais a sonhar, mais a me tornar.

Ao sair do show, deixei de lado meu senso de limitações. Nunca em meus sonhos mais loucos esperei uma experiência tão transformadora de um show de rock 'n' roll — foi de longe o maior presente inspirador que já recebi de um artista.

Em um ano, Tina dominou o mundo como artista solo. Eu me deliciava ouvindo seus shows no rádio e na televisão. Tina me ajudou a redefinir a trajetória da minha vida, e ouvir sua voz sempre me lembrava da alegria que senti naquele momento especial em que partilhei com ela a minha libertação.

TARO: Em 1986, meu pai faleceu repentinamente. Para aliviar minha tristeza e "transformar veneno em remédio", passei a recitar *Nam-myoho-renge-kyo* com minha mãe e tias japonesas todos os dias.

Cerca de seis meses depois que comecei a recitar daimoku, ouvi uma entrevista com Tina na qual ela falou sobre sua prática do budismo. Ela disse que sonhava em escrever um livro para compartilhar sua jornada espiritual com o mundo e encorajar as pessoas a nunca desistirem de seus sonhos.

Uma luz se acendeu no fundo da minha mente, como um lampejo de consciência me dizendo: *Você vai ajudá-la nessa mis-*

são. Na época, eu era um rato de praia de 17 anos no sul da Califórnia e não entendia bem a mensagem. Mas meu coração me disse para me lembrar disso — *pense no futuro*.

REGULA: Quando o Muro de Berlim caiu, em 1989, minha confiança e meu espírito independente estavam consolidados. Minha voz interior se fortalecia, me dizendo para ser confiante e verdadeira comigo mesma.

Eu estava casada há quase uma década, mas no fundo sabia que não era um relacionamento que me fazia feliz. Uma noite, sonhei com um grande lago espelhado com flores brancas deslumbrantes na outra margem. Pulei e nadei em direção às flores. Parecia um salto em direção ao meu futuro, à minha verdade, à minha alegria.

Relembrando a inspiração que senti com o exemplo de Tina, decidi me divorciar.

Quatro anos depois, conheci o amor da minha vida, Beat Curti, com quem logo me casei.

TARO: Depois que me graduei, em 1994, eu me mudei para West Los Angeles, onde conheci Ana e Wayne Shorter em uma reunião no bairro para recitar daimoku. Ana havia superado sérias dificuldades por meio da prática do budismo, incluindo problemas graves com vício, e ela compartilhou profundas lições de vida comigo. Wayne era uma mistura de mestre musicista, Bodisatva, Papai Noel e tutor sábio, cuja voz singular eu ouviria o dia todo.

Anos depois, conheci Craig, filho de Tina. Ele adorava o fato de eu também me chamar Craig, como todos me conheciam até a adolescência, quando passei a usar meu nome do meio, Taro.

Craig sempre foi muito atencioso e gentil e um chef formidável — ele fazia excelentes refeições veganas para mim. Também ouvi dele coisas maravilhosas sobre sua mãe, assim como de Ana e Wayne.

Eles disseram-me que Tina sempre incentivou as pessoas ao seu redor, seus colaboradores nas turnês, motoristas, funcionários do hotel. Ela perguntava sobre a vida e dava conselhos acolhedores a qualquer um com quem ela entrasse em contato.

Às vezes, as pessoas pediam a ela para que lhes ensinasse o daimoku, e ela sempre os mandava para a casa de Ana e Wayne. Lá, ao longo dos anos, eu me aproximei de várias dessas pessoas, que me contavam suas próprias histórias sobre o profundo senso de cuidado e a sabedoria natural de Tina.

Durante a turnê Wildest Dreams de Tina, no final dos anos 1990, tive o privilégio de receber passes para os bastidores na Europa, na Austrália e nos Estados Unidos. Os rostos do público que vi naquela turnê foram inesquecíveis. Não importava aonde íamos ou idade, raça e gênero das pessoas, eu via todo mundo derramar lágrimas quando Tina aparecia no palco.

No início, pensei que isso acontecia só nas primeiras filas, já que as pessoas estavam muito próximas dela. Então fui até o fundo do estádio e descobri que era a mesma coisa. Eu mesmo chorei. Já estive em muitos shows diferentes de vários artistas ao longo dos anos, mas nunca vi nada parecido.

Todos choram ao ver Tina. Mas por quê?

REGULA: Um dia, em 2001, um amigo pediu a meu marido, Beat, para se encontrar com alguém que estava curioso sobre uma de suas casas. Parecia que o novo ocupante queria saber quem morara lá, que tipo de eventos e festas aconteceram e o que os residentes anteriores pensavam sobre a energia da propriedade.

A casa se chamava Château Algonquin, e, para nossa surpresa, as novas pessoas que morariam lá seriam Tina Turner e seu companheiro, Erwin Bach.

Do nada, minha heroína pessoal nos convidou para jantar com ela! Fiquei muito emocionada!

No jantar, fomos recebidos em uma linda mesa redonda que Tina decorara com um candelabro magnífico no centro, lindos objetos decorativos e flores brancas. Tina e eu nos unimos conversando sobre questões espirituais, e senti como se nos conhecêssemos desde sempre.

Foi como um sonho se tornando realidade, que eu nem sequer tinha sonhado. Ou será que tinha?

Acontece que a propriedade fica em um grande lago espelhado (Lago de Zurique), e na minha frente havia uma série de lindas flores brancas — a mesma cena que vi em sonho dez anos antes.

TARO: Conversei com meus amigos que trabalharam e fizeram turnê com Tina sobre o que eu tinha reparado — que todos na plateia choram quando ela aparece no palco. É místico e mágico... e real.

Eles disseram que sabiam a resposta: Tina recitava daimoku por uma hora antes de cada show, orando pela verdadeira felicidade de cada um na plateia. Ela orava para oferecer tudo de que cada um precisava para acender a esperança em seu coração.

E foi isso que vi em todos aqueles rostos ao redor do mundo — o desejo de Tina pela felicidade das pessoas era tão forte e puro que levava estádios inteiros às lágrimas.

REGULA: Derramo lágrimas quando penso na compaixão de Tina. E, em 2009, derramei lágrimas de alegria quando me vi dançando para ela em sua festa de 70 anos.

Naquele ano, fizemos nossa primeira parceria musical, com a Beyond Music, e, conforme seu aniversário se aproximava, Tina me pediu para ser uma de suas cantoras e dançarinas de apoio em uma comemoração particular.

Em sua garagem, três vezes por semana por várias semanas, Tina ensinou a mim e às outras cinco amigas suas coreografias de "Proud Mary", "Steamy Windows" e "Simply the Best". Ela estava determinada a trazer à tona nosso potencial máximo, nossos traços ocultos de personalidade, pontos fortes e beleza.

Ela nos deu conselhos meticulosos sobre nossos movimentos, expressões, sapatos, figurino, cabelo e maquiagem. Ela tem um olho de águia para os detalhes. O resultado foi um momento inexprimível que guardo com carinho na memória daqueles festejos de seus 70 anos. Tê-la como instrutora foi tudo para mim.

Essa experiência transformou minha vida, e me aprimorei como artista graças a suas instruções precisas. A partir daí, passei a me sentir mais livre e mais confiante no palco.

Tina me mostrou que eu tenho asas — que todos nós temos.

TARO: Na década de 2000, escrevi uma série de best-sellers baseados na sabedoria oriental e no que aprendi vivendo e estudando no Japão quando era adolescente e universitário. Eu gostava de viajar pelos Estados Unidos e pelo mundo em geral fazendo sessões de autógrafos.

Desde que conheci meu marido, Wendell, em 1995, e ao longo dos anos 2000, passamos a explorar o mundo juntos. A partir de 2005, visitamos a Suíça pelo menos uma vez por ano.

Por uma feliz coincidência, conheci Regula lá em 2014.

Durante o chá, compartilhamos nosso amor pelo mantra budista e descobrimos as interseções místicas da vida de Tina com as nossas.

REGULA: No dia em que Taro e eu nos conhecemos, falei para ele que Tina me contara seu sonho de longa data de escrever um livro inspirador sobre sua jornada espiritual. Mas ela sentia que o momento ainda não tinha chegado e que queria encontrar um coautor que compartilhasse sua prática do budismo.

Li alguns livros de Taro e, enquanto conversávamos durante aquele chá, percebi que ele compartilhava a mesma prática budista de Tina. Logo sugeri que nos uníssemos para ajudar Tina a fazer o livro que ela sonhava em escrever.

Taro e eu elaboramos um esboço do livro e o compartilhamos com Tina e Erwin. No entanto, os desafios que Tina enfrentava em relação à sua saúde na época estavam cada vez mais complexos. Embora todos tenham adorado a ideia do livro, concordamos que seria necessário esperar até que ela se recuperasse.

TARO: *Pense no futuro...* Finalmente entendi aquela sensação que tive aos 17 anos. A vida encontrou uma maneira de harmonizar tudo. Como Regula uma vez me disse: "A grande força norteadora do Universo guiou todos os nossos caminhos até que eles se juntassem."

REGULA: Foi uma bênção Tina ter superado seus desafios de saúde, e o trabalho afetuoso para criar este livro começou na primavera de 2019. Tina disse que compartilhar sua história espiritual com o mundo é seu maior presente.

TARO E REGULA: Esse foi o ultimato para iluminarmos *A Plenitude do Ser* com o legado do fundo da alma de Tina. E, ao ajudá-la a expressar suas explorações interiores, nossos corações ganharam mais do que poderíamos ter imaginado

A sabedoria de Tina nos inspira a ser mais gentis conosco e com os outros, a ir mais fundo em busca de respostas e a sermos mais felizes hoje do que fomos ontem. Seu espírito intrinsecamente curioso expande nossa fé no impossível.

Tina ilumina nosso caminho para que possamos sempre "polir o espelho da vida" e nos ver com riqueza de detalhes — e mudar o que quer que seja para melhor.

Esperamos que você sinta o mesmo!

TARO GOLD E REGULA CURTI

GLOSSÁRIO

Alaya

O oitavo nível de consciência da mente, um depósito no qual residem os resultados de todos os nossos pensamentos, palavras e ações; todas as nossas memórias pessoais, conscientes ou não; bem como a memória coletiva de toda a humanidade. Também chamada de consciência *alaya* ou consciência armazenadora. (*Veja também*: Nove Níveis de Consciência.)

Amala

O nono nível de consciência da mente, o nível brilhante de nossa natureza de Buda, nosso Eu Maior, ou força vital pura, que não pode ser manchado por acumulações cármicas e que traz um sentimento de transcendência. Também chamada de consciência *amala* ou consciência pura. (*Veja também*: Nove Níveis de Consciência.)

Árvore de Bodhi

Uma grande árvore da variedade figueira, também conhecida como a "árvore do conhecimento" ou a "árvore do despertar", porque se diz que a iluminação de Buda ocorreu quando estava sentado sob ela.

Ashram

Um local de retiro religioso, especialmente no Sul da Ásia.

Bodisatva(s)

Bodisatvas são pessoas que aspiram à iluminação (Buda), e considera-se que sua característica predominante é a compaixão, porque são altruístas e agem em prol dos outros. Na antiga língua sânscrita, *bodhi* significa "iluminação", e *sattva*, "essência" ou "ser vivo".

Buda

Buda significa "aquele que é iluminado", indicando uma pessoa que percebe corretamente a verdadeira natureza e impermanência de todos os fenômenos, e que também leva os outros à iluminação. A natureza de Buda, uma força vital indestrutível, existe em todos os seres, e suas características são sabedoria, coragem e compaixão.

Buda Shakyamuni

O Buda histórico, também conhecido como Sidarta Gautama, ou Gautama Buda, que viveu há aproximadamente 2.500 anos, entre 560 a.E.C. e 480 d.E.C.; o fundador do budismo, cujos ensinamentos estão contidos em coleções de escritos conhecidos como sutras, incluindo o Sutra do Lótus, amplamente considerado seu ensinamento máximo. Shakyamuni significa "sábio do clã Xáquia".

Budismo

O budismo é o espectro de tradições espirituais baseadas nos ensinamentos originais de Buda Shakyamuni, que viveu há cerca de 2.500 anos. O budismo é a quarta maior religião do mundo, cujos praticantes, os budistas, compõem cerca de 10% da população global.

Budismo de Nitiren

Uma escola de budismo que se originou com os ensinamentos de Nitiren Daishonin (1222–1282), um reformador religioso e filósofo do Japão do século XIII. Nitiren ensinou que o título, ou Daimoku, do Sutra do Lótus (*Nam-myoho-renge-kyo*) contém a essência dos ensinamentos budistas.

Butsudan

Japonês para "altar budista", um butsudan é um santuário, ou altar, que contém o Gohonzon, ou mandala, comumente encontrado nos centros budistas da SGI e nas casas dos que praticam o budismo.

Carma, individual

Carma é uma palavra do sânscrito que significa "ação". Sua doutrina é baseada na lei de causa e efeito, e é um acúmulo de nossas ações em pensamentos, palavras e ações (causas) passados. Essas causas residem no reino interno da vida sob a forma de energia potencial, até que surjam as circunstâncias para que se manifestem como efeitos. O carma individual é um resultado cármico relacionado ao microcosmo de um ser vivo específico. Além do carma individual, também existe o coletivo. Como família, bairro, sociedade, nação, humanidade, comunidade global de seres vivos e assim por diante, compartilhamos os resultados cármicos da rede mais ampla da vida. Mesmo que nós, como indivíduos, não tenhamos participado diretamente de uma ação particular em nossa sociedade ou nosso mundo, por estarmos conectados a um grupo mais amplo, também experimentaremos as consequências. O carma coletivo é o resultado cármico relacionado ao macrocosmo de todo o nosso mundo.

Causa e efeito

O princípio budista de que todas as ações (pensamentos, palavras e ações) têm consequências, positivas ou negativas, dependendo da qualidade e da intenção. As consequências não são consideradas recompensa nem punição, apenas resultados decorrentes. O budismo expõe que a lei de causa e efeito é universal, operando por toda a vida e abrangendo existências passadas, presentes e futuras. A lei de causa e efeito (também chamada de Lei Mística de causa e efeito ou de causalidade) é o fundamento da doutrina do carma.

Chakras

A palavra sânscrita *chakra* significa "roda" e, nas antigas tradições medicinais orientais, indica pontos-chave de energia e o movimento da energia dentro do corpo. O *dharma-chakra*, ou a roda da Lei, é frequentemente usado para descrever os ensinamentos do budismo, pois indica o giro das rodas da iluminação.

Daimoku

Japonês para "título", *daimoku* refere-se a *Nam-myoho-renge-kyo*, o título do Sutra do Lótus.

Dez Mundos

O Sutra do Lótus ensina que cada um dos Dez Mundos é um estado potencial de ser ou condição de vida inerente aos seres vivos. Estes Dez Mundos são: Mundo do Inferno, ou estado de inferno (sofrimento ou desespero destrutivo), Mundo dos Espíritos Famintos, ou estado de fome (desejos insaciáveis), Mundo dos Animais, ou estado de animalidade (comportamentos instintivos descontrolados), Mundo dos Asura, ou estado de ira (apegos do ego, conflito e arrogância), Mundo dos Seres Humanos, ou estado de tranquilidade (calma relativa), Mundo dos

Seres Celestiais, ou estado de alegria (euforia temporária), Mundo dos Ouvintes da Voz, ou estado de erudição (busca da verdade a partir dos ensinamentos ou das experiências dos outros), Mundo dos que Despertaram para a Causa, ou estado de absorção (compreensão da verdade por meio de nossos próprios esforços), Mundo dos Bodisatvas, ou estado de bodisatva (compaixão, altruísmo, aspiração à iluminação para si mesmo e para os outros) e Mundo dos Budas, ou estado de Buda (liberdade total, completude e felicidade absoluta; senso ilimitado de unidade com a força vital do Universo). Cada "mundo" contém o potencial para todos os outros mundos dentro dele.

Ego

O ego é um sentimento de separação, uma sensação de dualidade ou uma noção de ser diferente ou superior aos outros. É a falsa percepção de si mesmo como um ser separado da grande teia da vida ou dos outros, e leva a um senso de autoimportância, arrogância e raiva.

Eu Maior

O Eu Maior é um sentido amplo de eu que se identifica totalmente e tem empatia pelo sofrimento alheio, com base na sabedoria e no respeito pela dignidade de toda vida e sua interdependência. Aquele que desafia o egocentrismo por meio de ações altruístas expande muito o Eu Menor em direção ao ideal do Eu Maior.

Eu Menor

O Eu Menor é um sentido estreito de eu que não consegue sentir empatia nem compaixão. É o ego, que pode nos escravizar em relação aos desejos egoístas e causar sofrimento para nós e para os outros.

Fênix

Um símbolo de transformação positiva, contra todas as probabilidades. Na mitologia clássica, a fênix é um pássaro único que, depois de centenas de anos de vida, se queima completamente e ressurge das cinzas, emergindo eternamente mais forte, mais sábia e mais poderosa.

Gohonzon

A imagem do pergaminho usada como ponto de foco ao se recitar o mantra (*Nam-myoho-renge-kyo*) da tradição budista Soka Gakkai. Como a personificação física do *Nam-myoho-renge-kyo*, o Gohonzon expressa os aspectos iluminados dos Dez Mundos, especialmente o estado de Buda, que todas as pessoas possuem inerentemente. Em japonês, *Go* é um prefixo honorário que significa "digno de respeito" e *honzon*, "objeto fundamental". Nitiren descreveu o Gohonzon como o "objeto fundamental [mandala] para observar a mente".

Gongyo

Em japonês, literalmente, "esforçar-se [na] prática". *Gongyo* refere-se à prática budista Soka Gakkai, duas vezes ao dia, de recitar partes do 2º e do 16º capítulos do Sutra do Lótus, além de recitar *Nam-myoho-renge-kyo*.

Iluminação

A conquista do estado de Buda na forma atual de uma pessoa comum. O Sutra do Lótus ensina que não há necessidade de transformar nenhuma característica de si mesmo para se tornar uma pessoa iluminada.

Mandala

Um objeto espiritual de devoção ou foco e símbolo de iluminação. Nas tradições japonesas, as mandalas costumam ter a forma de pergaminhos e representam Budas, Bodisatvas, as várias condições de vida dos seres vivos e outros símbolos doutrinários. (*Veja também*: Gohonzon.)

Mantra

Mantra, em sânscrito, significa "ferramenta" ou "instrumento da mente". Os mantras são tipicamente palavras ou frases breves repetidas, faladas, cantadas ou recitadas (como *Nam-myoho-renge-kyo*), que podem ser usadas como meditação ou ativação da mente e do espírito.

Natureza de Buda, ou Eu Maior

O budismo afirma que todas as pessoas possuem uma natureza de Buda inata, que é o potencial inerente para a obtenção da iluminação. A natureza de Buda é também o estado de ser e a condição de vida manifesta de um Buda.

Nove níveis de consciência

Nove tipos de discernimento e consciência. Os primeiros cinco níveis correspondem aos cinco sentidos: visão, audição, olfato, paladar e tato.

O sexto nível integra e traduz a percepção dos cinco sentidos em imagens coerentes e faz julgamentos sobre o mundo físico externo.

O sétimo corresponde ao mundo interior da pessoa. A consciência e o apego ao ego, ou Eu Menor, originam-se do sétimo nível de consciência. Ele também é o reino da imaginação e da determinação da diferença entre o certo e o errado. (*Veja também*: Ego, Eu Menor.)

O oitavo nível, também conhecido como consciência *alaya*, existe no nível subconsciente de nossa mente, onde todos os nossos pensamentos, palavras e ações anteriores (carma) são armazenados. Este oitavo nível mantém a soma de nosso carma positivo e negativo, armazenando-o como "potenciais", ou "sementes", cármicos que produzem consequências positivas ou negativas correspondentes. (*Veja também*: Alaya.)

O nono nível, também conhecido como *amala*, permanece livre de todas as impurezas cármicas e é definido como a base de todas as funções da vida. É descrito como a "consciência pura fundamental". Nitiren considerou o Gohonzon a personificação da consciência *amala*, ou a realidade última do Estado de Buda. (*Veja também: Amala.*)

Origem dependente

"Nenhum homem é uma ilha", escreve o poeta John Donne. A origem dependente é uma doutrina budista que expressa a interdependência de todas as coisas e que diz que nenhum ser ou fenômeno existe por si mesmo; tudo existe ou ocorre por causa de sua relação com outros seres, causas e condições. Ou seja, nada existe de forma independente nem surge de forma isolada. Ao reconhecer nossa conexão inata com todos os seres e situações, somos motivados a sentir compaixão pelos outros. Também chamada de causa dependente ou origem condicionada.

Padrões cármicos

Os padrões cármicos são comportamentos habituais ou subconscientes e atitudes que nos sentimos compelidos a repetir.

Quatro nobres verdades

Uma doutrina fundamental do budismo que explica a verdadeira causa do sofrimento e o caminho da emancipação, ou liberdade total. As quatro nobres verdades são: (1) a verdade do sofrimento, que toda a existência é sofrimento; (2) a verdade da origem do sofrimento, que é o desejo egoísta; (3) a verdade da cessação do sofrimento, a erradicação do desejo egoísta que permite que a pessoa atinja um estado de felicidade total; (4) a verdade do caminho para a cessação do sofrimento.

Revolução humana

O processo de transformação positiva do caráter de alguém; rompendo as algemas do "Eu Menor", centrado no ego. Neste processo, a pessoa revela seu "Eu Maior", experimentando uma transformação interna de profunda compaixão e alegria em função de agir pelo bem dos outros e, por fim, de todos os seres vivos.

Roda da Lei

Um termo para os ensinamentos do budismo. A pregação de um Buda é frequentemente expressa nas escrituras budistas como "girar a roda da Lei". A *Lei* no Budismo de Nitiren refere-se à Lei Mística de causa e efeito, ou *Nam-myoho-renge-kyo*.

Sangha

Uma comunidade de adeptos do budismo.

Soka Gakkai Internacional (SGI)

Uma rede budista baseada na comunidade para praticantes do budismo Nitiren, com membros em 192 países e territórios. A SGI promove o intercâmbio cultural, a educação e a paz por meio da transformação pessoal e da contribuição social. Em japonês, *Soka Gakkai* significa "sociedade criadora de valor humano".

Sutra

Uma palavra em sânscrito que significa "fio", sutra refere-se às coleções de ensinamentos ou de palestras budistas.

Sutra do Lótus

O Sutra do Lótus é amplamente considerado como o ensinamento máximo de Buda Shakyamuni. Sua essência é o título, *Nam-myoho-renge--kyo*, cujas recitação e prática podem abrir as portas para a iluminação universal. Também chamado de Sutra do Lótus da Lei Maravilhosa ou Sutra da Flor de Lótus do Dharma Sutil, o Sutra do Lótus é uma tradução chinesa da escritura em sânscrito *Saddharma-pundarika-sutra*, compilada pelo erudito budista Kumarajiva em 406. Consiste em 8 volumes e 28 capítulos. (*Veja também*: Budismo, Nitiren.)

Três venenos

Avareza, ira e estupidez, que às vezes é chamada de ignorância. O budismo ensina que os três venenos são os males fundamentais inerentes à vida, dando origem ao sofrimento, e a fonte de todas as ilusões e desejos terrenos que causam infelicidade.

Unicidade da vida e seu ambiente

Um princípio budista que ensina que, quando mudamos a nós mesmos, nosso ambiente muda simultaneamente. Ilustra o fato de que a separação entre a pessoa e o ambiente é uma ilusão: nossa vida interior e nosso mundo exterior são um e o mesmo. O ambiente ao nosso redor, incluindo nosso trabalho, casa, família e amigos, é um reflexo do nosso estado interior. Este princípio revela que a vida e seu ambiente, embora sejam considerados dois fenômenos distintos, são essencialmente não dualistas; são duas fases integrantes de uma única realidade.

Xogum

No Japão pré-moderno, os xoguns eram os líderes militares supremos, condecorados com o título pelo imperador. De 1603 a 1868, o Japão foi governado por uma série de xoguns, conhecidos como xogunato Tokugawa. Os xoguns controlavam a política externa e os militares, e eram o grupo mais importante da sociedade japonesa, pois tinham maior poder do que qualquer outro.

Xogunato

Xogunato indica o sistema de governo de uma ditadura militar feudal, exercido em nome do xogum ou por ele próprio.

BIBLIOGRAFIA

Carter, Lawrence. *A Baptist Preacher's Buddhist Teacher.* Santa Mônica: Middleway Press, 2018.

Causton, Richard. *The Buddha in Daily Life.* Londres: Rider, 1995.

deGrasse Tyson, Neil e Donald Goldsmith. *Origins.* Nova York: W.W. Norton, 2005.

Derbolav, Josef e Daisaku Ikeda. *Search for a New Humanity.* Londres: I.B. Tauris, 2008.

Gold, Taro. *Living Wabi Sabi: The true beauty of your life.* Kansas City: Andrews McMeel Publishing, 2004.

Hancock, Herbie. *Herbie Hancock: Possibilities.* Nova York: Penguin, 2015.

Hawking, Stephen. *Brief Answers to the Big Questions.* Nova York: Bantam, 2018.

Hochswender, Woody, Greg Martin e Ted Morino. *The Buddha in Your Mirror.* Santa Mônica: Middleway Press, 2001.

Ikeda, Daisaku. *Unlocking the Mysteries of Birth & Death.* Santa Mônica: Middleway Press, 2004.

Jammer, Max. *Einstein and Religion: Physics and theology*. Princeton, NJ: Princeton University Press, 2002.

King Jr., Martin Luther. *Why We Can't Wait*. Nova York: Signet Classics, 2000.

Mercer, Michelle. *Footprints: The life & work of Wayne Shorter*. Nova York: Penguin, 2007.

Ricard, Matthieu e Trinh Xuan Thuan. *The Quantum and the Lotus*. Nova York: Crown, 2001.

Shorter, Wayne, Herbie Hancock e Daisaku Ikeda. *Reaching Beyond*. Santa Mônica: Middleway Press, 2018.

Turner, Tina e Kurt Loder. *I, Tina*. Nova York: William Morrow, 1986.

Turner, Tina, Deborah Davis e Dominik Wichmann. *My Love Story*. Nova York: Atria Books, 2018.

Watson, Burton, tradutor. *The Lotus Sutra*. Tóquio: Soka Gakkai, 2009.

ÍNDICE

Sobre os Autores

TINA TURNER

Tina Turner, nascida Anna Mae Bullock, é uma cantora, dançarina e atriz cuja carreira se estende por mais de sessenta anos. Um ícone adorado da música, vendeu mais de 200 milhões de discos e mais ingressos para shows do que qualquer outro artista solo na história. Em sua vida privada, Tina é uma pessoa profundamente espiritualizada, cuja missão é encorajar os outros com as lições que aprendeu com suas muitas vitórias conquistadas a duras penas. Por mais de três décadas, vasculhou profundamente a fonte de suas experiências para orientar parentes e amigos sobre as formas mais eficazes de criar felicidade duradoura em suas vidas. Agora, neste livro, ela tem o prazer de compartilhar a história de sua jornada espiritual, para que auxilie os outros. Aposentada de sua carreira icônica no mundo do entretenimento, Tina mora na Suíça com seu marido Erwin Bach, seu querido companheiro há 34 anos. Seu livro de memórias, *Minha História de Amor*, é best-seller a nível internacional.

tinaturnerofficial.com • Instagram: @tinaturner •
Facebook.com/tinaturner • tina-turner.rocks

TARO GOLD

Taro Gold é autor de sete best-seller inspiradores, incluindo um dos favoritos de Tina, *Living Wabi Sabi: The true beauty of your life*, e outros livros populares, como *The Tao of Mom, The Tao of Dad, What Is Love?* e *Open Your Mind, Open Your Life*. Escreveu amplamente para publicações budistas, incluindo o jornal *World Tribune* e a revista *Living Buddhism*. Em sua juventude, Taro integrou o elenco de *Evita* e de outros musicais da Broadway, incluindo *Falsettos* e *Peter Pan*, na primeira companhia de teatro nacional itinerante dos EUA. Tendo passado grande parte de sua vida no exterior, viajando para mais de quarenta países e morando na Austrália, na Espanha e no Japão, onde foi o primeiro norte-americano a se formar na Universidade Soka, de Tóquio, desenvolveu uma visão de mundo expansiva. Taro atualmente reside nos Estados Unidos com seu melhor amigo há 25 anos — seu marido, Wendell Brown — e seu amado galguinho italiano, Magic.

tarogold.com • Twitter: @tarogold • Instagram: @tarogold

REGULA CURTI

Regula Curti é uma musicista multifacetada, musicoterapeuta, professora e fundadora da Casa de Artes Sacras Seeschau, no Lago de Zurique. É a força empreendedora e criativa por trás da Beyond Music, uma plataforma digital global que fundou em 2007. Após o mestrado em artes expressivas e musicoterapia, a paixão de Regula é compartilhar o poder curativo e agregador da música. A Beyond Music promove a colaboração entre cantores e músicos de diferentes culturas para promover a paz e a tolerância. Regula produziu e cantou em quatro álbuns best-sellers ecumênicos que ganharam disco de ouro e de platina, incluindo colaborações com Tina, em *Buddhist and Christian Prayers, Children, Love Within* e *Awakening,* todos da Beyond. Regula mora na Suíça, com seu querido marido há quase três décadas e cofundador da Beyond Foundation, Beat Curti.

beyond-foundation.org • Instagram: @regula.curti •
Facebook.com/beyond

Projetos corporativos e edições personalizadas
dentro da sua estratégia de negócio. Já pensou nisso?

Coordenação de Eventos
Viviane Paiva
viviane@altabooks.com.br

Assistente Comercial
Fillipe Amorim
vendas.corporativas@altabooks.com.br

A Alta Books tem criado experiências incríveis no meio corporativo. Com a crescente implementação da educação corporativa nas empresas, o livro entra como uma importante fonte de conhecimento. Com atendimento personalizado, conseguimos identificar as principais necessidades, e criar uma seleção de livros que podem ser utilizados de diversas maneiras, como por exemplo, para fortalecer relacionamento com suas equipes/ seus clientes. Você já utilizou o livro para alguma ação estratégica na sua empresa?

Entre em contato com nosso time para entender melhor as possibilidades de personalização e incentivo ao desenvolvimento pessoal e profissional.

PUBLIQUE
SEU LIVRO

Publique seu livro com a Alta Books.
Para mais informações envie um e-mail para: autoria@altabooks.com.br

/altabooks /alta-books /altabooks /altabooks

Este livro foi impresso nas oficinas gráficas da Editora Vozes Ltda.,
Rua Frei Luís, 100 – Petrópolis, RJ.